历史性跨越

——文化改革发展这五年

高国庆 哈 楠 主编

中国言实出版社

图书在版编目（CIP）数据

历史性跨越：文化改革发展这五年 / 高国庆，哈楠
主编 . -- 北京：中国言实出版社，2017.10
ISBN 978-7-5171-2448-1

Ⅰ . ①历… Ⅱ . ①高… ②哈… Ⅲ . ①文化事业—体
制改革—研究—中国 Ⅳ . ① G12

中国版本图书馆 CIP 数据核字（2017）第 244343 号

出 版 人：王昕朋
总 监 制：朱艳华
责任编辑：史会美
文字编辑：崔文婷
封面设计：徐　晴
责任印制：佟贵兆

出版发行　中国言实出版社
　　　地　　址：北京市朝阳区北苑路 180 号加利大厦 5 号楼 105 室
　　　邮　　编：100101
　　　编辑部：北京市海淀区北太平庄路甲 1 号
　　　邮　　编：100088
　　　电　　话：64924853（总编室）　64924716（发行部）
　　　网　　址：www.zgyscbs.cn
　　　E-mail：zgyscbs@263.net
经　　销　新华书店
印　　刷　北京温林源印刷有限公司
版　　次　2017 年 10 月第 1 版　　2017 年 10 月第 1 次印刷
规　　格　710 毫米 ×1000 毫米　1/16　18 印张
字　　数　185 千字
定　　价　58.00 元　ISBN 978-7-5171-2448-1

编写人员

主　编：高国庆　哈　楠

副主编：祁占平　王静波　贾　佳

目录 CONTENTS

第一章
党的十八大以来文化改革发展综述

　　文化是民族的血脉，是人民的精神家园。一个国家、一个民族的强盛，总以文运昌隆、文脉相续为强大支撑和重要标志。

　　党的十八大以来，以习近平同志为核心的党中央高度重视文化建设。习近平总书记着眼实现"两个一百年"奋斗目标和中华民族伟大复兴的中国梦，就坚定文化自信、建设社会主义文化强国发表一系列重要讲话，深刻阐明了文化建设一系列战略性全局性根本性的重大问题，为文化发展改革指明了前进方向，提供了根本遵循。党的十八大报告以及十八届三中、四中、五中、六中全会都对推进社会主义文化建设作出重要部署，提出明确要求。党中央、国务院一系列推动文化发展改革的重大举措相继密集出台，激发了文化创新创造活力，促进了文化事业文化产业繁荣，增强了人民群众文化获得感，开创了社会主义文化建设的新局面。

——习近平总书记治国理政新理念新思想新战略的科学指引，为文化事业发展举旗定向，注入新动力、打开新天地

党的十八大以来，习近平总书记接过历史的接力棒，在中华民族伟大复兴新征程中，以坚韧不拔的历史担当精神、非凡的理论勇气、高度的文化自信，把文化建设纳入"五位一体"总体布局和"四个全面"战略布局，把握世界大势和中国实际，围绕"什么是社会主义文化、怎样建设社会主义文化"，"什么是文化强国，怎样建设文化强国"，"什么是文化自信，怎样增强文化自信"等文化建设的基本命题，举旗定向、谋篇布局，就中国特色社会主义文化建设发表一系列重要讲话，形成一系列相互联系、相互贯通的社会主义文化建设新理念新思想新战略，开辟了中国特色社会主义文化建设实践的新局面新境界，为在新的历史条件下加快推进社会主义文化强国建设提供了科学理论指导和行动指南。

习近平总书记治国理政新理念新思想新战略，把扎实推进社会主义文化强国建设纳入"五位一体"总体布局和"四个全面"战略布局进行部署，特别强调文化建设在现代化建设和实现中国梦伟大征程中的重要作用，其内容主要包括：培育社会主义核心价值观、弘扬中华优秀传统文化、发展社会主义文艺、加快建构中国特色哲学社会科学体系、建设网络强国、深化文化体制改革、提高国家文化软实力、把握意识形态工作的领导权管理权话语权，等等。

党的十八大以来，在习近平总书记治国理政新思想新战略的科学指引下，全面深化改革立体启动、纵深推进，文化领域的全面深化改革积极响应、主动发力。面对新形势、着眼新目标，文化新政空前密集出台，内容高度系统、支持力度空前，通过加强系统谋划、加大政策保障、加紧任务落实，文化改革的"四梁八柱"已搭建起来并已进入"内部装修"阶段，取得了历史性突破。

一是成立中央全面深化改革领导小组，提供组织保障。专门分设文化体制改革专项小组，专职负责协调文化体制改革重点工作，建立任务台账，建立跟踪机制，完善督查制度，对照工作账单、任务清单，月查季查一直查，从更高的层次、更细的任务、更严的要求出发，推进改革。截至2017年7月，党的十八届三中、四中、五中、六中全会确定的104项文化体制改革任务已完成97项，其余7项正在抓紧推进之中。

二是完善制度体系，提供政策保障。在习近平总书记系列重要讲话精神指引下，先后制定了《深化文化体制改革实施方案》《国家"十三五"时期文化发展改革规划纲要》，出台了"两个效益"相统一、媒体融合发展、特殊管理股试点、构建现代公共文化服务体系、实施中华优秀传统文化传承发展工程、国际传播能力建设等40多个改革文件，进一步明确了改革的目标思路和任务举措，细化了改革的路线图、时间表、任务书，搭建起了文化制度体系的"梁"和"柱"。

三是加快立法进程，提供法治保障。目前国家层面文化领域的法律法规数量不断增多。据不完全统计，现有《文物保护法》《非物质文化遗产法》《著作权法》《公共文化服务保障法》《电影产业促进法》等5部，行政法规有《互联网上网服务营业场所管理条例》《文物保护法实施条例》《博物馆条例》等10多部。

——在习近平总书记文艺思想指引下文艺领域风气一新、精品迸发

党的十八大以来，文艺领域深入学习贯彻习近平总书记在文艺工作座谈会和中国文联十大、中国作协九大开幕式上的重要讲话精神，把创作生产优秀作品作为中心环节，深入实施文艺创作精品工程，加大传统艺术保护传承力度，扭转文艺界不良风气，形成了出精品、攀高峰的生动局面。

一是党和国家重要时间节点的文艺演出任务圆满完成。成功举办了庆祝中华人民共和国成立65周年音乐会、纪念中国人民抗日战争暨世界反法西斯战争胜利70周年文艺晚会、庆祝中国共产党成立95周年音乐会和美术作品展览、2016年G20峰会晚会、纪念红军长征胜利80周年文艺晚会、庆祝中国人民解放军建军90周年文艺晚会和主题展览等活动，凝聚起向上向善的强大力量。

二是艺术创作生产空前活跃。国家舞台艺术精品创作扶持工程、重大题材美术创作工程等发挥了导向示范作用，广大文艺工作者聚焦中国梦和社会主义核心价值观开展主题创作，推出了一批有筋骨有道德有温度的优秀作品，主旋律更响亮。"深入生活、扎根人民"主题实践活动深入开展，长效机制逐步建立，写人民、演人民、演给人民看蔚然成风。中央财政自2013年年底出资设立国家艺术基金以来，3年共立项资助项目2087项，资助资金总额18.83亿元、资助项目2087项。其中，以"中国梦"为主题的项目298项，以"社会主义核心价值观"为题材的项目265项，以"中华优秀传统文化"为内容的项目878项，反映"四个全面""一带一路""美丽中国"等方面内容的项目402项。多个资助项目获得"五个一工程"奖、文华奖、群星奖等荣誉，培养各类高端专业艺术人才4200余名，有效带动了社会力量对艺术创作和艺术活动的投入。第十届、第十一届中国艺术节等活动集中展现了文艺工作者攀登艺术高峰的不懈追求和创作成果。

三是传统艺术得到保护传承。实施戏曲振兴工程，开展全国地方戏曲剧种普查，扶持戏曲剧本创作，实施"名家传戏"工程、京剧"像音像"工程，京剧、昆曲、地方戏曲、民族音乐等焕发生机、再现魅力。中国民族歌剧得到进一步传承发展。

四是文艺界不良风气有力扭转。倡导积极健康的文艺评论，清理、规范各类评奖活动，全面治理豪华晚会，文化市场回归理性，低俗媚俗作品得到遏制，文艺工作者更加注重德艺双馨，艺术创作生产呈现出生机勃发的良好局面。

——推动基本公共文化服务标准化均等化取得新突破

党的十八大以来，文化领域深入贯彻党中央、国务院关于构建现代公共文化服务体系的决策部署，坚持政府主导、社会参与、重心下移、共建共享，推动基本公共文化服务标准化均等化取得新突破。

一是政策法规体系进一步健全。中办、国办印发《关于加快构建现代公共文化服务体系的意见》，对现代公共文化服务体系建设进行了全面的制度设计。推进基层综合性文化服务中心建设、政府向社会力量购买公共文化服务等配套政策相继出台。《公共文化服务保障法》颁布实施，提高了公共文化服务法治化水平。

二是覆盖城乡的六级公共文化设施网络更加完善。截至2016年年底，全国共有博物馆4109个、公共图书馆3153个、群众文化机构44479个。免费开放范围进一步扩大。2016年全国公共图书馆总流通人次约6.6亿，博物馆参观总人次超过10亿，群众文化机构组织活动次数近184万、服务人次5.8亿，群众参与文化活动的热情更加高涨。着力补短板、兜底线，实施了一系列工程项目，促进了老少边穷地区公共文化事业的跨越发展。特殊群体的基本文化权益得到更好保障。

三是公共文化服务能力有效增强。国家公共文化服务体系示范区（项目）创建示范带动效应明显。公共文化机构法人治理结构改革、县级文化馆图书馆总分馆制建设等重大改革稳步推进，有力提升了公共文化服务效能。流动服务、数字服务、社会力量参与、按需点单等探索提高了群众"要文化"和政府"送文化"的匹配度，增强了实效性。"春雨工程""大地情深"等志愿服务项目持续实施，"三下乡"、高雅艺术进校园进社区进农村等活动深入开展，群众精神文化生活进一步丰富、文化获得感进一步提升。

——文化产业成为经济增长亮点，日益成为国民经济支柱性产业

党的十八大以来，文化领域深入贯彻党中央、国务院关于构建现代文化产业体系和文化市场体系的决策部署，围绕实现文化产业成为国民经济支柱性产业的目标，围绕供给侧结构性改革，推动文化产业健康快速发展，文化市场繁荣有序。

一是文化产业政策法规体系进一步完善。《文化产业促进法》立法进程加快，推动国有文化企业双效统一、推进文化创意和设计服务与相关产业融合发展、加快发展对外文化贸易、支持小微文化企业、推动特色文化产业发展、推进文化金融合作等政策措施连续出台。

二是文化产业做强做优步伐加快。优化文化产业布局结构，推动资源和要素向优势领域、企业和项目聚集，国家级文化产业示范园区、试验园区和国家文化产业示范基地建设成效显著，催生出一批有较强实力和自主创新能力的文化产业集群和骨干文化企业。推进引导城乡居民扩大文化消费试点工作，拓展居民文化消费空间，文化消费逐渐成为新兴消费热点。重点领域快速发展，手机（移动终端）动漫标准成为首个由中国制定的文化领域国际技术标准，数字创意产业被纳入国家战略性新兴产业发展规划，深圳文博会、义乌文交会等重点展会平台效应突出。

三是文化领域行政审批制度改革深入推进。大幅减少审批事项，落实先照后证制度，完善准入和退出机制，文化市场活力充分释放，成为满足人民群众多样化精神文化需求的主渠道。互联网上网服务行业、文化娱乐行业转型升级成效显著，整体水平明显提高、社会形象明显好转。

四是文化市场监管效能大幅提升。加大执法力度、提高执法效率，推进文化市场综合执法改革，构建"三名单两机制"（黑名单、警示名单和红名单及守信激励、失信惩戒机制）为核心的文化市场信用体系，建设全国文化市场技术监管与服务平台，文化市场监管效能大幅提升。

五年来，我国文化产业始终保持两位数增速，呈现出"千帆竞发、百舸争流"的良好态势。据国家统计局的统计数据，2016年，全国文化及相关产业增加值从2012年的18071亿元增加到30254亿元，首次突破3万亿元，占GDP的比重从2012年的3.48%提高到4.07%，文化产业成为经济增长亮点，贡献率进一步提升。

——弘扬中华优秀传统文化力度空前，全社会自觉意识全面提升

党的十八大以来，文化领域深入学习贯彻习近平总书记关于传承弘扬中华优秀传统文化的重要讲话精神，贯彻《文物保护法》《非物质文化遗产法》，积极构建中华优秀传统文化传承体系，推动中华优秀传统文化创造性转化、创新性发展。

一是文化遗产保护力度不断加大。开展可移动文物、古籍文献、美术馆藏品等文化资源普查，健全文物、非遗、古籍等名录体系，进一步理清文化遗产家底。实施了重点文物保护工程，不可移动文物保存状况显著改善，防火、防盗、防破坏成效明显。世界文化遗产、大遗址、国家考古遗址公园、历史文化名城名镇名村、传统村落的保护进一步加强。馆藏文物保存条件全面提升，修复工作取得积极进展。文物执法督察力度进一步加大，查处了一批重大案件。

二是文化遗产保护利用工作服务经济社会发展能力进一步增强，助推新型城镇化和美丽乡村建设潜力进一步释放。文化文物单位积极开发文化创意产品，推出了一批文化附加值高、深受消费者喜爱的产品。博物馆展陈水平显著提升，精品展览深受群众青睐。非遗保护事业以能力建设为核心，完善保护制度，巩固抢救保护成果，提高保护传承水平。认定第四批国家级非遗代表性项目和代表性传承人，设立国家级文化生态保护实验区和生产性保护示范基地，实施非遗传承人群研修研习培训计划，提高传承能力、扩大传承队伍，完善非遗保护传承体系。制定实施中国传统工艺振兴计划，促进传统工艺在现代生活中得到新的广泛应用。

三是文化遗产价值更加深入人心。传统节日、自然和文化遗产日等期间的文化遗产展示展演活动彰显魅力，成都国际非遗节、中国非遗博览会等展会广受关注，丝绸之路、花山岩画、珠算、二十四节气等项目申报世界遗产和人类非物质文化遗产名录连获成功，全社会保护文化遗产的自觉意识全面提升。

——中华文化国际影响力进一步提升

五年来，文化系统深入学习贯彻习近平总书记关于提高文化开放水平、提升国家文化软实力的重要讲话精神，坚持政府统筹、社会参与、官民并举、市场运作，努力构建全方位、多层次、宽领域、高效率的工作格局，加快推动中华文化走出去。

一是服务国家总体外交战略的重大文化活动成功举办。围绕北京APEC会议、杭州G20峰会、"一带一路"国际合作高峰论坛和领导人出访等组织文艺演出和文化交流活动，展示了中国形象，传播了中国价值。配合"一带一路"建设，加强与沿线国家和地区文化交流合作，制定实施发展行动计划，举办敦煌国际文化博览会、丝绸之路国际艺术节、海上丝绸之路国际艺术节等品牌活动，促进了"民心相通"。

二是对港澳台和对外文化交流合作品牌逐步树立。中国文化年（节）等活动成为促进政府间文化交流合作的常态化机制。"欢乐春节"等活动影响遍及全球。2017年"欢乐春节"活动在140个国家、500个城市开展了2000多项活动，直接观众达2.8亿人次。"汉学与当代中国"座谈会、青年汉学家研修计划为中外思想对话搭建起桥梁。海外中国文化中心总数达到30个，成为全方位展示中华文化精粹和国家形象的重要平台。对港澳台文化工作深耕厚植。坚持"以文促情、以文化人、以文建信、以文聚心"，面向青少年、面向基层的文化交流活动不断拓展，"艺海流金""情系"系列等活动逐步融入当地文化生活，成为联系港澳台同胞亲情的重要纽带。

三是对外文化贸易体系逐步建立。市场主体更加多元，核心文化产品和服务出口快速增长，涌现出一批优秀民族文化品牌。政府交流与文化贸易并举。目前我国已与157个国家和地区签署了文化合作协定，中俄、中美、中欧、中阿、中非等文化交流合作机制向更高层次发展，多边国际文化交流合作不断深化，我国的国际文化话语权不断提升。

回顾十八大以来文化领域改革发展历程，我们可以深切地感受到，文化建设与经济建设、政治建设、社会建设、生态文明建设互为影响、互为促进，取得了辉煌成就。以下几条基本经验弥足珍贵：一是坚持理论创新，以习近平总书记治国理政新理念新思想新战略为科学指引。二是坚持文化建设的战略地位，把社会主义文化强国建设摆在事关国运的高度。三是坚持尊重文化发展规律，采取文化建设的正确方针。四是坚持旗帜鲜明、激浊扬清，营造文化领域风清气正良好氛围。五是坚持以文化体制改革为突破口，释放文化发展活力。六是坚持以人民为中心，不断增加人民群众的文化获得感。

面向未来，即将召开的党的十九大，将对文化建设作出新部署新要求。我们相信，有以习近平同志为核心的党中央的坚强领导，有习近平总书记系列重要讲话精神和治国理政新理念新思想新战略的科学指引，有广大文化工作者和全国人民的共同奋斗，只要我们坚持党的领导和马克思主义文艺理论不动摇，不断培育和践行社会主义核心价值观，不断夯实中华优秀传统文化的根基，不断深化文化体制改革，不断健全公共文化服务体系，不断推动文化产业快速健康发展，不断加强对外传播能力，建成社会主义文化强国的目标必将早日实现，实现中华民族伟大复兴的中国梦必将早日实现，屹立在世界东方的中华民族必将为人类文明作出新的更大的贡献，谱写更加壮丽辉煌的崭新篇章！

第二章
习近平总书记关于文化建设的
重要讲话精神

习近平总书记关于文化建设系列重要讲话，是文化建设方面的马克思主义中国化最新成果，是中国特色社会主义理论体系最新发展，是当代中国最鲜活的马克思主义，具有浓郁的时代气息和丰富的思想内涵。讲话以坚定文化自信、实现中国梦为目标，以社会主义意识形态为灵魂，以中华优秀传统文化为根基，以社会主义核心价值观为引领，以深化体制机制改革、提升文化软实力为关键，以人民为中心为根本价值导向，既秉持了近代以来中国人民追求现代化的伟大梦想，又继承了党的历代领导集体探索现代化建设总目标、总任务、总布局的思想成果，不仅对接了当今世界现代化的潮流，而且引领了中华民族伟大复兴的航程，立意高远、内涵丰富、思想深邃、总揽全局、博大精深。

一、以坚定文化自信、实现中国梦为目标

习近平总书记指出，"中华民族伟大复兴需要以中华文化发展繁荣为条件"，"当高楼大厦在我国大地上遍地林立时，中华民族精神的大厦也应该巍然耸立"，"体现一个国家综合实力最核心的、最高层的，还是文化软实力，这事关一个民族精气神的凝聚。我们要坚持道路自信、理论自信、制度自信，最根本的还有一个文化自信"。

（一）文化自信是更基础、更广泛、更深厚的自信

2016年11月30日，习近平总书记在中国文联十大、中国作协九大开幕式上发表重要讲话时指出，实现中华民族伟大复兴，必须坚定中国特色社会主义道路自信、理论自信、制度自信、文化自信。文化自信，是更基础、更广泛、更深厚的自信，是更基本、更深沉、更持久的力量。坚定文化自信，是事关国运兴衰、事关文化安全、事关民族精神独立性的大问题。

习近平总书记在庆祝中国共产党成立95周年大会上明确提出，中国共产党人"坚持不忘初心、继续前进"，就要坚持"四个自信"即"中国特色社会主义道路自信、理论自信、制度自信、文化自信"。由此可见，道路是路径，理论是指南，制度是保障，文化是根基，统一于中国特色社会主义事业的伟大实践中。

（二）中国共产党、中华人民共和国、中华民族是最有理由自信的

2013年3月17日，习近平总书记在十二届全国人大

一次会议闭幕会上的讲话中指出，"中国道路是在改革开放 30 多年的伟大实践中走出来的，是在中华人民共和国成立 60 多年的持续探索中走出来的，是在对近代以来 170 多年中华民族发展历程的深刻总结中走出来的，是在对中华民族 5000 多年悠久文明的传承中走出来的"。这就把 30 多年改革历程与 5000 年历史相连接，中国道路与中华文明相贯通，表明 30 多年改革历程离不开 5000 年历史，中国道路离不开中华文明，从而使中国道路具有强烈的历史纵深和深厚的文化底蕴。他还在庆祝中国共产党成立 95 周年大会上指出，"当今世界，要说哪个政党、哪个国家、哪个民族能够自信的话，那中国共产党、中华人民共和国、中华民族是最有理由自信的"。

（三）要走中国特色社会主义文化发展道路

2013 年 8 月 21 日，习近平总书记在全国宣传思想工作会议上提出"四个讲清楚"，其主要内容是：讲清楚每个国家和民族的历史传统、文化积淀、基本国情不同，其发展道路必然有着自己的特色；讲清楚中华文化积淀着中华民族最深沉的精神追求，是中华民族生生不息、发展壮大的丰厚滋养；讲清楚中华优秀传统文化是中华民族的突出优势，是我们最深厚的文化软实力；讲清楚中国特色社会主义植根于中华文化沃土、反映中国人民意愿、适应中国和时代发展进步要求，有着深厚历史渊源和广泛现实基础。"四个讲清楚"拉长了"中国特色"的时间轴，接通了中华文明之脉。

（四）要为人类社会更好发展提供中国方案

2014年4月1日，习近平总书记在比利时布鲁日欧洲学院的讲话中谈道，"独特的文化传统，独特的历史命运，独特的国情，注定了中国必然走适合自己特点的发展道路。我们走出了这样一条道路，并且取得了成功"。中国的发展表明，西方的发展模式是现代化的一种模式，而不是"唯一"模式。2016年5月17日，习近平总书记在哲学社会科学工作座谈会上的讲话中进一步指出，"解决中国的问题，提出解决人类问题的中国方案，要坚持中国人的世界观、方法论。如果不加分析把国外学术思想和学术方法奉为圭臬，一切以此为准绳，那就没有独创性可言了。如果用国外的方法得出与国外同样的结论，那也就没有独创性可言了"。这要求我们要立足中国实际，发展当代中国马克思主义，进一步推进马克思主义的中国化；要直面中国问题，续写中国特色社会主义新篇章，开辟治国理政新境界；要彰显中国智慧，为人类社会更好发展提供中国方案，构建中国特色哲学社会科学话语体系。

（五）弘扬中国传统文化要做到"两有""两相""两创"

如何正确认识和科学对待中国传统文化，习近平总书记阐释了"两有""两相""两创"的方法论。"两有"是指，"对历史文化特别是先人传承下来的道德规范，要坚持古为今用，推陈出新，有鉴别地加以对待，有扬弃地予以继承"。"两相"是指，"要加强对中华优秀传统文化的挖掘和阐发，使中华民族最基本的文化基因同当代中国文化相适应、同现代社会相协调，把跨越时空、超越国界、富有永恒魅力、具有当代价值的文化精神弘扬起来，激活其内在的强大生命力，让中华文化同各国人民创造的多彩文化一道，为人类提供正确精神指引"。"两创"是指，"要处理好继承和创造性发展的关系，重点做好创造性转化和创新性发展"，在这个方法论构架中，"两有"强调具体分析，"两相"突出当代视角，"两创"则是工作重点和关键所在，从而表明了我们党对待传统文化的基本立场和基本态度。

（六）实现中国梦必须弘扬中国精神

党的十八大以来，习近平总书记数次提及"中国精神"，释放出强烈的文化自信精神。2013年3月17日，习近平总书记在十二届全国人大一次会议闭幕会上的讲话中强调，"实现中国梦必须弘扬中国精神。这就是以爱国主义为核心的民族精神，以改革创新为核心的时代精神。这种精神是凝心聚力的兴国之魂、强国之魂。爱国主义始终是把中华民族坚强团结在一起的精神力量，改革创新始终是鞭策我们在改革开放中与时俱进的精神力量"。2014年9月3日，习近平总书记在纪念中国人民抗日战争暨世界反法西斯战争胜利69周年座谈会上的讲话中强调，"在中国人民抗日战争的壮阔进程中，形成了伟大的抗战精神，中国人民向世界展示了天下兴亡、匹夫有责的爱国情怀，视死如归、宁死不屈的民族气节，不畏强暴、血战到底的英雄气概，百折不挠、坚忍不拔的必胜信念。伟大的抗战精神，是中国人民弥足珍贵的精神财富，永远是激励中国人民克服一切艰难险阻、为实现中华民族伟大复兴而奋斗的强大精神动力"。2015年12月30日，习近平总书记在主持政治局第二十九次集体学习时强调，伟大的事业需要伟大的精神。实现中华民族伟大复兴的中国梦，是当代中国爱国主义的鲜明主题。要大力弘扬伟大爱国主义精神，大力弘扬以改革创新为核心的时代精神，为实现中华民族伟大复兴的中国梦提供共同精神支柱和强大精神动力。

习近平总书记关于文化自信的深度思考中，文化自信是立足点，"四个走出来"是前提，其他相关论述都是从这里引申和拓展而来的。"四个讲清楚"是基本内容，"三个独特"是内在依据，"两有""两相""两创"是方法论，弘扬中国精神是实践途径，这是一个环环相扣、紧密联系的整体，共同构筑起社会主义文化强国建设的思想体系。

二、以社会主义意识形态为灵魂

（一）马克思主义是我们立党立国的根本指导思想

习近平总书记强调，"马克思主义是我们立党立国的根本指导思想"，"在坚持马克思主义指导地位这一根本问题上，我们必须坚定不移，任何时候任何情况下都不能有丝毫动摇"，"对马克思主义的信仰，对社会主义和共产主义的信念，是共产党人的政治灵魂，是共产党人经受住任何考验的精神支柱"，"马克思主义具有与时俱进的理论品质。新形势下，坚持马克思主义，最重要的是坚持马克思主义基本原理和贯穿其中的立场、观点、方法。这是马克思主义的精髓和活的灵魂。马克思主义是随着时代、实践、科学发展而不断发展的开放的理论体系，它并没有结束真理，而是开辟了通向真理的道路"。坚持马克思主义的指导地位，是我们做好包括中国特色社会主义文化事业在内的中国特色社会主义各项事业的思想基础和根本保障。

（二）中国特色社会主义是社会主义而不是其他什么主义

习近平总书记深刻指出，"中国特色社会主义是社会主义而不是其他什么主义，科学社会主义基本原则不能丢，丢了就不是社会主义"，"要坚持社会主义先进文化前进方向，用社会主义核心价值观凝聚共识、汇聚力量，用优秀文化产品振奋人心、鼓舞士气，用中华优秀传统文化为人民提供丰润的道德滋养，提高精神文明建设水平"，"要协调推进政治建设、文化建设、社会建设、生态文明建设以及其他各方面建设，实现社会主义市场经济、社会主义民主政治、社会主义先进文化、社会主义和谐社会、社会主义生态文明全面进步，为经济发展提供更好制度保障和环境条件"。

坚持社会主义先进文化前进方向，是党的先进性的重要体现，规定了我们所要建设的文化的本质属性和发展方向，关系文化建设的成败。根据这一论断，具体到文化建设方面，我们要建设的中国特色社会主义文化是社会主义先进文化而不是其他什么文化，马克思主义的指导和社会主义先进文化发展方向的指引不能丢，丢了就不是社会主义先进文化了。

（三）牢牢掌握意识形态工作的领导权、管理权和话语权

1.意识形态工作是党的一项极端重要的工作

党的十八大以来，习近平总书记高度重视意识形态工

作，始终把抓好意识形态工作作为全党的一项重大战略任务，反复强调意识形态工作的重要性，可以概括为"一个极端重要""两个巩固""三个事关"。

一是"一个极端重要"。习近平总书记指出，"经济建设是党的中心工作，意识形态工作是党的一项极端重要的工作"，"能否做好意识形态工作，事关党的前途命运，事关国家长治久安，事关民族凝聚力和向心力"。二是"两个巩固"。习近平总书记指出，"宣传思想工作就是要巩固马克思主义在意识形态领域的指导地位，巩固全党全国人民团结奋斗的共同思想基础"。三是"三个事关"。习近平总书记指出，"能否做好意识形态工作，事关党的前途命运，事关国家长治久安，事关民族凝聚力和向心力"。他还结合一些国家因为意识形态工作不力导致政权旁落的例子指出："一个政权的瓦解往往是从思想领域开始的，政治动荡、政权更迭可能在一夜之间发生，但思想演化是个长期过程。思想防线被攻破了，其他防线也就很难守住。我们必须把意识形态工作的领导权、管理权、话语权牢牢掌握在手中，任何时候都不能旁落，否则就要犯无可挽回的历史性错误。"

2.党的新闻舆论工作是治国理政、定国安邦的大事

党的新闻舆论工作处在意识形态斗争最前沿，是党的一项重要工作，是治国理政、定国安邦的大事。习近平总书记就如何做好新闻舆论工作提出明确要求。2016年2月19日，习近平总书记主持召开党的新闻舆论工作座谈会并发表重要讲话。

习近平总书记指出，在新的时代条件下，党的新闻舆论工作的职责和使命是：高举旗帜、引领导向，围绕中心、服务大局，团结人民、鼓舞士气，成风化人、凝心聚力，澄清谬误、明辨是非，联接中外、沟通世界。承担起这个职责和使命，必须把正确政治方向摆在第一位。党的新闻舆论工作坚持党性原则，最根本的是坚持党的领导。党和政府主办的媒体是党和政府的宣传阵地，必须姓党，必须抓在党的手里，必须成为党和人民的喉舌。党的新闻舆论媒体的所有工作，都要体现党的意志、反映党的主张，维护党中央权威、维护党的团结，做到爱党、护党、为党。要牢牢坚持马克思主义新闻观，引导广大新闻舆论工作者认清西方所谓"新闻自由"的本质，自觉抵制西方新闻观等错误观点影响，做党的政策主张的传播者、时代风云的记录者、社会进步的推动者、公平正义的守望者。要牢牢坚持正确舆论导向，做到所有工作都有利于坚持中国共产党领导和我国社会主义制度，有利于推动改革发展，有利于增进全国各族人民团结，有利于维护社会和谐稳定。要牢牢坚持团结稳定鼓劲、正面宣传为主的基本方针，注重提高质量和水平，增强吸引力和感染力。要坚持改进创新，提高党的新闻舆论工作能力和水平，遵循新闻传播规律，创新理念、内容、体裁、形式、方法、手段、业态、体制、机制，加快构建舆论引导新格局，把握好舆论引导的"时度效"。要加快培养造就一支政治坚定、业务精湛、作风优良、党和人民放心的新闻舆论工作队伍。广大新闻舆论工作者要增强政治家办报意识，牢记社会责任，提高业务能力，转作风改文风，努力推出有思想、有温度、有品质的作品。

习近平总书记强调，宣传思想阵地，我们不去占领，人家就会去占领。当前，思想舆论领域大致有红色、黑色、灰色"三个地带"。红色地带是我们的主阵地，一定要守住；黑色地带主要是负面的东西，要敢抓敢管、敢于亮剑，大大压缩其地盘；灰色地带要大张旗鼓争取，使其转化为红色地带。要增强阵地意识，加强阵地管理，选好配强宣传思想部门领导班子，确保宣传思想工作领导权牢牢掌握在忠于党和人民的人手里。各级宣传思想部门领导干部要加强学习、加强实践，真正成为在理论上、笔头上、口才上或其他专长上有"几把刷子"、让人信服的行家里手。高度重视做好知识分子工作，加强团结和引导，加强政治引领和政治吸纳，最大限度把他们凝聚在党的周围。

3.在大是大非问题、政治原则问题上没有"开明绅士"

2016年2月19日，习近平总书记在党的新闻舆论工作座谈会上的讲话中要求，各级党委要切实负起政治责任和领导责任，严格落实意识形态工作主体责任，加强对意识形态领域重大问题的分析研判，加强对重大战略性任务的统筹指导，推动重大部署、重要任务的落实。在大是大非问题、政治原则问题上没有"开明绅士"，一定要有鲜明的态度、坚定的立场，敢于站在风口浪尖上进行斗争。党委主要负责同志作为第一责任人，要站在第一线，带头抓意识形态工作，带头阅看本地区本部门主要媒体的内容，带头把住本地区本部门媒体的导向，带头批评错误观点和错误倾向。要树立大宣传的工作理念，动员各条战线各个部门一起来做，把宣传思想工作同各个领域的行政管理、行业管理、社会管理更加紧密地结合起来，形成强大合力。

4.要推动传统媒体和新兴媒体融合发展

习近平总书记强调，推动传统媒体和新兴媒体融合发展，要遵循新闻传播规律和新兴媒体发展规律，强化互联网思维，坚持传统媒体和新兴媒体优势互补、一体发展，坚持先进技术为支撑、内容建设为根本，推动传统媒体和新兴媒体在内容、渠道、平台、经营、管理等方面的深度融合，着力打造一批形态多样、手段先进、具有竞争力的新型主流媒体，建成几家拥有强大实力和传播力、公信力、影响力的新型媒体集团，形成立体多样、融合发展的现代传播体系。要一手抓融合，一手抓管理，确保融合发展沿着正确方向推进。

三、以中华优秀传统文化为根基

在中华民族5000多年的文明发展进程中，我们创造了博大精深的灿烂文化。2014年9月24日，习近平在纪念孔子诞辰 2565 周年国际学术研讨会暨国际儒学联合会第五届会员大会开幕会上的讲话中列举了关于中华优秀传统文化的基本内容，包括天下为公、大同世界的思想，自强不息、厚德载物的思想，以民为本、安民富民乐民的思想，为政以德、政者正也的思想，苟日新日日新又日新、革故鼎新、与时俱进的思想，安不忘危、存不忘亡、治不忘乱、居安思危的思想等。习近平总书记的这次讲话充分说明了中华优秀传统文化蕴藏的丰富哲学思想、人文精神、教化思想以及道德理念。这里的中华优秀传统文化可以理解为中国古代的传统文化，是集儒、道、墨、法等学说之大成者。

（一）中华优秀传统文化是中华民族之"根"和"魂"

党的十八大以来，习近平总书记坚持历史唯物主义和辩证唯物主义的立场、观点、方法，在对传统文化进行鉴别与分析、取舍与扬弃的基础上，对中华优秀传统文化的价值和意义多次进行阐述并提出了八个论断：

中华优秀传统文化是中华民族的"根"和"魂"，是中华民族的文化基因和精神家园，是中华民族生生不息、发展壮大的丰厚滋养，是我们治国理政的重要思想文化资源，是涵养社会主义核心价值观的重要源泉，是中国特色社会主义植根的文化沃土，是实现中华民族伟大复兴中国梦的重要精神支撑，是中华民族在世界文化激荡中站稳脚跟、坚定文化自信的坚实根基和突出优势。

这八个论断不仅涉及对历史经验的总结，也涉及对现实需要的考量，还涉及对发展前景的展望，比较全面科学地概括了中华优秀传统文化的价值和意义，回答了为什么要传承和弘扬中华优秀传统文化的问题，揭示了中华优秀传统文化与中国特色社会主义文化的内在联系，阐明了中华优秀传统文化作为中国特色社会主义文化血脉和根基的作用，体现出中国共产党在新的时期对传统文化的更深入的认识。

（二）中华优秀传统文化的当代价值

中华优秀传统文化是中华民族的"根"和"魂"，是人类文明的结晶，那么它对于当今中国有何重要的价值?习近平总书记在他关于弘扬中华优秀传统文化及其当代价值的重要论述中，突出强调了中华优秀传统文化在培育和弘扬社会主义核心价值观、推进国家治理体系现代化、解决当代中国和世界难题的过程中，具有十分重要的价值。

1.中华优秀传统文化是涵养社会主义核心价值观的重要源泉

习近平总书记在谈到中华优秀传统文化与社会主义核心价值观关系的时候曾指出："培育和弘扬社会主义核心价值观必须立足中华优秀传统文化。"习近平总书记还强调，"抛弃传统、丢掉根本，就等于割断了自己的精神命脉。博大精深的中华优秀传统文化是我们在世界文化激荡中站稳脚跟的根基"，"一个民族、一个国家的核心价值观必须同这个民族、这个国家的历史文化相契合，同这个民族、这个国家的人民正在进行的奋斗相结合，同这个民族、这个国家需要解决的时代问题相适应。世界上没有两片完全相同的树叶。一个民族、一个国家，必须知道自己是谁，是从哪里来的，要到哪里去，想明白了、想对了，就要坚定不移朝着目标前进"。

中华优秀传统文化中的思想精华和道德精髓，可以成为涵养社会主义核心价值观的重要源泉。比如，爱国主义是植根于中华优秀传统文化之中的重要价值理念，也是社会主义核心价值观的重要内容。弘扬以爱国主义为核心的民族精神，深入挖掘和阐发讲仁爱、重民本、崇正义、尚和合、求大同的时代价值，可以加强中华儿女普遍的心理认同和文化认同，从而达到培育社会主义核心价值观的目的。

2. 中国优秀传统文化是提高国家文化软实力的深厚源泉和重要途径

2013 年 8 月 19 日，习近平总书记在全国宣传思想工作会议上的讲话中指出："中华优秀传统文化是中华民族的突出优势，是我们最深厚的文化软实力。"2013 年 12 月 30 日，习近平总书记在中共中央政治局第十二次集体学习时强调："要注重塑造我国的国家形象，重点展示中国历史底蕴深厚、各民族多元一体、文化多样和谐的文明大国形象，政治清明、经济发展、文化繁荣、社会稳定、人民团结、山河秀美的东方大国形象，坚持和平发展、促进共同发展、维护国际公平正义、为人类作出贡献的负责任大国形象，对外更加开放、更加具有亲和力、充满希望、充满活力的社会主义大国形象。"

习近平总书记进一步指出，若要树立我们良好的国家形象，就必须在同各国的文化交流中着力弘扬我国优秀传统文化，特别是中华传统文化中"和"的文化。"中华民族是爱好和平的民族。一个民族最深沉的精神追求，一定要在其薪火相传的民族精神中来进行基因测序。有着5000 多年历史的中华文明，始终崇尚和平，和平、和睦、和谐的追求深深植根于中华民族的精神世界之中，深深溶化在中国人民的血脉之中。中国自古就提出了'国虽大，好战必亡'的箴言。'以和为贵''和而不同''化干戈为玉帛''国泰民安''睦邻友邦''天下太平''天下大同'等理念世代相传。"这充分展示出中华优秀传统文化的风采和个性，树立了文明和谐的大国形象。

3.中华优秀传统文化可以为治国理政提供有益启示

2014年9月24日，习近平在纪念孔子诞辰2565周年国际学术研讨会暨国际儒学联合会第五届会员大会开幕会上的讲话中指出："文以载道，文以化人。当代中国是历史中国的延续和发展，当代中国思想文化也是中国传统思想文化的传承和升华，要认识今天的中国、今天的中国人，就要深入了解中国的文化血脉，准确把握滋养中国人的文化土壤。"2013年11月26日，习近平总书记在山东曲阜考察孔府、孔子研究院同专家学者座谈时强调，中华优秀传统文化是中华民族的突出优势，中华民族伟大复兴需要以中华文化发展繁荣为条件；人类发展的历史证明，文化是社会发展的重要动力，没有文化的发展是短暂的，只有得到文化的滋润，社会才能健康持续地向前发展。实现中华民族伟大复兴的中国梦，必须充分挖掘和汲取中华优秀传统文化的宝贵资源。

2014年2月17日，习近平总书记在省部级主要领导干部学习贯彻党的十八届三中全会精神全面深化改革专题研讨班开班式上发表重要讲话强调，一个国家选择什么样的治理体系，是由这个国家的历史传承、文化传统、经济社会发展水平决定的，是由这个国家的人民决定的。我国今天的国家治理体系，是在我国历史传承、文化传统、经济社会发展的基础上长期发展、渐进改进、内生性演化的结果。中华优秀传统文化创造了中华文明的优秀成果，中华民族特有的价值取向、高尚品德、思维方式等，都可以推进国家治理体系现代化进程。

习近平总书记主张"要系统梳理传统文化资源，让收藏在禁宫里的文物、陈列在广阔大地上的遗产、书写在古籍里的文字都活起来"，"要加强爱国主义、集体主义、社会主义教育，引导我们树立正确的历史观、民族观、国家观、文化观，增强做中国人的骨气和底气"，"努力用中华民族创造的一切精神财富来以文化人、以文育人"。

弘扬中华优秀传统文化是促进两岸统一的重要基础。2014年2月18日，习近平在会见中国国民党荣誉主席连战一行时指出："两岸同胞一家亲，谁也不能割断我们的血脉。台湾同胞崇敬祖先、爱土爱乡、淳朴率真、勤奋打拼，给我留下深刻印象。两岸同胞一家亲，根植于我们共同的血脉和精神，扎根于我们共同的历史和文化。我们大家都认为，两岸同胞同属中华民族，都传承中华文化。在台湾被侵占的 50 年间，台湾同胞保持着强烈的中华民族意识和牢固的中华文化情感，打心眼里认同自己属中华民族。这是与生俱来、浑然天成的，是不可磨灭的。"

（三）努力推动中华优秀传统文化创造性转化和创新性发展

在对中华优秀传统文化的价值和意义进行阐述的基础上，习近平总书记还开创性地提出了努力推动中华优秀传统文化创造性转化和创新性发展的任务。他指出："传统文化在其形成和发展过程中，不可避免会受到当时人们的认识水平、时代条件、社会制度的局限性的制约和影响，因而也不可避免会存在陈旧过时或已成为糟粕性的东西。"2014年3月27日，习近平在联合国教科文组织总部演讲时指出，"中华文明是在中国大地上产生的文明，也是同其他文明不断交流互鉴而形成的文明"，"任何文明，如果想延续和发展，都不可能是一个封闭的体系，否则就会枯竭，中华文明也不例外"。习近平总书记指出，任何科学的理论和制度，必须本土化才能真正起到作用。马克思主义也好，社会主义也好，能够在中国取得胜利，关键是我们党不断推进其中国化，紧密结合中国实际加以运用。2014年9月24日，习近平在纪念孔子诞辰2565周年国际学术研讨会暨国际儒学联合会第五届会员大会开幕会上的讲话中指出："要坚持古为今用、以古鉴今，坚持有鉴别的对待、有扬弃的继承，而不能搞厚古薄今、以古非今，努力实现传统文化的创造性转化、创新性发展，使之与现实文化相融相通，共同服务以文化人的时代任务。"

创造性转化，强调的是"转化"，就是要进行深入发掘，要继承而不能丢弃，要有扬弃地加以继承；要"系统梳理传统文化资源，让收藏在禁宫里的文物、陈列在广阔大地上的遗产、书写在古籍里的文字都活起来"；要认真汲取中华优秀传统文化的思想精华，深入挖掘和阐发讲仁爱、重民本、守诚信、崇正义、尚和合、求大同的时代价值。

创新性发展则强调"创新"和"发展"。习近平指出，中华民族是一个兼容并蓄、海纳百川的民族，在漫长历史进程中，不断学习他人的好东西，把他人的好东西化成我们自己的东西，这才形成我们的民族特色。

对于如何进行传统文化的创造性转化和创新性发展，

习近平总书记有着长期而深入的思考。

1.传统文化的创造性转化和创新性发展，必须明确坚持人民主体性

2013年12月30日，习近平在中共中央政治局第十二次集体学习时强调："努力实现中华传统美德的创造性转化、创新性发展，引导人们向往和追求讲道德、尊道德、守道德的生活，让13亿人的每一分子都成为传播中华美德、中华文化的主体。"只有大力弘扬中华传统文化和传统美德，使得中华民族的每一分子都成为中华文化的主体，我们民族才有凝聚力，才有作为中国人的自豪感，才有实现中华民族伟大复兴的中国梦的自信心。

2.传统文化的创造性转化和创新性发展，要采用人民群众喜闻乐见的形式

1990年1月，习近平在《闽东之光——闽东文化建设随想》一文中指出："任何内容的文化建设活动，都应注意活动的方式和手段的运用。没有能为别人所接受的方式和手段，思想性就无从体现，宣传教育活动也就无从落实，古人云：'言之无文，行而不远'，就是这个道理。"2013年12月，习近平总书记指出："要以理服人，以文服人，以德服人，提高对外文化交流水平，完善人文交流机制，创新人文交流方式，综合运用大众传播、群体传播、人际传播等多种方式展示中华文化魅力。"

3.传统文化的创造性转化和创新性发展，要与体现中华传统文化的行业和产业的大力发展结合起来

2013年3月22日，习近平总书记在俄罗斯"中国旅游

年"开幕式上指出,"旅游是传播文明、交流文化、增进友谊的桥梁","旅游是综合性产业,是拉动经济发展的重要动力","旅游是修身养性之道,中华民族自古就把旅游和读书结合在一起,崇尚'读万卷书,行万里路'"。

习近平在主政浙江时探索了旅游经济与传统文化相结合的模式,强调加快发展旅游经济,建设旅游经济强省,必须坚持创新与继承相统一,在继承中创新,在创新中发展,不断求新、求变、求精,大力弘扬优秀的民族文化和民族精神。习近平总书记在《之江新语》中有精辟论述:"要敢于'无中生有',充分利用当地的旅游资源,大胆开发旅游项目,但'无中生有'不是简陋低俗地建几座庙宇,塑几个菩萨,甚至宣扬封建糟粕,搞迷信活动;要善于'移花接木',借鉴国内外现代旅游发展经验和做法,大胆吸收世界人类的文明成果,但'移花接木'不是盲目生搬硬套地模仿别人的旅游项目,开办几个娱乐场所,甚至传播资产阶级的腐朽文化;要注重'推陈出新',传承历史优秀文化,赋予时代发展内涵,但'推陈出新'不是胡乱'拆旧建新',建几条假古街,造几座仿古楼,甚至用假古董破坏真古董,毁掉珍贵的文物。"

中医药文化是5000年中华传统文化至今鲜活的印记,是进行中华优秀传统文化宣传与弘扬的重要组成部分。中医药学凝聚着深邃的哲学智慧和中华民族几千年的健康养生理念及其实践经验,是中国古代科学的瑰宝,也是打开中华文明宝库的钥匙。习近平总书记不仅强调发展我国的中医药,而且鼓励其走向国际,促进中西结合和中医药在海外发展，推动更多中国生产的医药产品进入国际市场。

四、以社会主义核心价值观为引领

党的十八大以来，以习近平同志为核心的党中央高度重视社会主义核心价值观建设，作出了一系列重要决策部署，相继颁布了《关于培育和践行社会主义核心价值观的实施意见》《培育和践行社会主义核心价值观行动方案》等指导性文件。习近平总书记围绕培育和践行社会主义核心价值观发表了一系列重要讲话，提出了一系列重要思想。深入学习贯彻习近平总书记关于培育和践行社会主义核心价值观的重要论述，对全社会增强培育和践行社会主义核心价值观的主动性、创造性，进一步振奋中国精神、汇聚中国力量、实现中华民族伟大复兴的中国梦，具有重要而深远的意义。

（一）把培育和弘扬社会主义核心价值观作为凝魂聚气强基固本的基础工程

习近平总书记指出，社会主义核心价值观是推动一个民族、一个国家发展进步的最深沉的力量，是一个国家的重要稳定器，是文化软实力的灵魂；社会主义核心价值观是中国特色社会主义道路自信、理论自信、制度自信、文化自信的重要支撑。从弘扬中国精神、提升民族和人民的精神境界看，核心价值观具有基础性、决定性作用。

1.社会主义核心价值观是中国梦最深厚的价值基础

习近平总书记指出，中国梦是一种形象的表达，是一种为群众易于接受的表述，意味着中国人民和中华民族的价值体认和价值追求。核心价值观，承载着一个民族、一个国家的精神追求，体现着一个社会评判是非曲直的价值标准。近现代以来，一代又一代仁人志士为了实现中华民族伟大复兴的中国梦，不惜流血牺牲，靠的就是理想信念，也就是对于中国梦所体现的价值追求的深刻认同。同时，习近平总书记指出，一个民族的文明进步，一个国家的发展壮大，需要一代又一代人接力努力，需要很多力量来推动，核心价值观是其中最持久最深沉的力量。如果一个民族、一个国家没有共同的核心价值观，莫衷一是，行无依归，那这个民族、这个国家就无法前进。

社会主义核心价值观"寄托着近代以来中国人民上下求索、历经千辛万苦确立的理想和信念……是反映全国各族人民共同认同的价值观'最大公约数'"。以"富强、民主、文明、和谐，自由、平等、公正、法治，爱国、敬业、诚信、友善"为基本内容的社会主义核心价值观，包含了国家层面的价值目标、社会层面的价值取向、公民个人层面的价值准则，标明了中国梦应有的价值维度，"体现了古圣先贤的思想，体现了仁人志士的夙愿，体现了革命先烈的理想，也寄托着各族人民对美好生活的向往"。

社会主义核心价值观契合了我们民族、国家的历史文化，结合了我们正在进行的奋斗，适应了我们需要解决的时代问题。从一定意义上说，我们现在为之不懈奋斗的中国梦，实际上也就是要建设一个富强民主文明和谐的现代化国家，培育一个自由平等公正法治的和谐社会，培养爱国敬业诚信友善的合格公民。

2.核心价值观是文化软实力的灵魂

习近平总书记指出，核心价值观是文化软实力的灵魂、文化软实力建设的重点。这是决定文化性质和方向的最深层次要素。一个国家的文化软实力，从根本上说，取决于其核心价值观的生命力、凝聚力、感召力。培育和弘扬核心价值观，有效整合社会意识，是社会系统得以正常运转、社会秩序得以有效维护的重要途径，也是国家治理体系和治理能力的重要方面。历史和现实都表明，构建具有强大感召力的核心价值观，关系社会和谐稳定，关系国家长治久安。

习近平总书记强调，要把培育和弘扬社会主义核心价值观，放到"巩固全党全国各族人民团结奋斗的共同思想基础、巩固党的执政地位的战略高度"上，"作为凝魂聚气、强基固本的基础工程，作为一项根本任务"，"大力培育和弘扬社会主义核心价值体系和核心价值观，加快构建充分反映中国特色、民族特性、时代特征的价值体系，努力抢占价值体系的制高点"，"要切实把社会主义核心价值观贯穿于社会生活方方面面"，"使核心价值观的影响像空气一样无所不在、无时不有"。

（二）培育和弘扬社会主义核心价值观必须立足中华优秀传统文化

习近平总书记指出，牢固的核心价值观，都有其固有的根本。抛弃传统、丢掉根本，就等于割断了自己的精神命脉。博大精深的中华优秀传统文化是我们在世界文化激荡中站稳脚跟的根基。中华文化源远流长，积淀着中华民族最深层的精神追求，代表着中华民族独特的精神标识，为中华民族生生不息、发展壮大提供了丰厚滋养。中华传统美德是中华文化精髓，蕴含着丰富的思想道德资源。不忘本来才能开辟未来，善于继承才能更好创新。对历史文化特别是先人传承下来的价值理念和道德规范，要坚持古为今用、推陈出新，有鉴别地加以对待，有扬弃地予以继承，努力用中华民族创造的一切精神财富来以文化人、以文育人。

习近平总书记强调，要讲清楚中华优秀传统文化的历史渊源、发展脉络、基本走向，讲清楚中华文化的独特创造、价值理念、鲜明特色，增强文化自信和价值观自信。要认真汲取中华优秀传统文化的思想精华和道德精髓，大力弘扬以爱国主义为核心的民族精神和以改革创新为核心的时代精神，深入挖掘和阐发中华优秀传统文化讲仁爱、重民本、守诚信、崇正义、尚和合、求大同的时代价值，使中华优秀传统文化成为涵养社会主义核心价值观的重要源泉。

（三）使社会主义核心价值观的影响像空气一样无所不在

习近平总书记指出，要切实把社会主义核心价值观贯穿于社会生活方方面面。要通过教育引导、舆论宣传、文化熏陶、实践养成、制度保障等，使社会主义核心价值观内化为人们的精神追求，外化为人们的自觉行动。榜样的力量是无穷的，广大党员、干部必须带头学习和弘扬社会主义核心价值观，用自己的模范行为和高尚人格感召群众、带动群众。要从娃娃抓起、从学校抓起，做到进教材、进课堂、进头脑。要润物细无声，运用各类文化形式，生动具体地表现社会主义核心价值观，用高质量高水平的作品形象地告诉人们什么是真善美，什么是假恶丑，什么是值得肯定和赞扬的，什么是必须反对和否定的。

习近平总书记强调，一种价值观要真正发挥作用，必须融入社会生活，让人们在实践中感知它、领悟它。要注意把我们所提倡的与人们日常生活紧密联系起来，在落细、落小、落实上下功夫。要按照社会主义核心价值观的基本要求，健全各行各业规章制度，完善市民公约、乡规民约、学生守则等行为准则，使社会主义核心价值观成为人们日常工作生活的基本遵循。要建立和规范一些礼仪制度，组织开展形式多样的纪念庆典活动，传播主流价值，增强人们的认同感和归属感。要把社会主义核心价值观的要求融入各种精神文明创建活动之中，吸引群众广泛参与，推动人们在为家庭谋幸福、为他人送温暖、为社会作贡献的过程中提高精神境界、培育文明风尚。要利用各种时机和场合，形成有利于培育和弘扬社会主义核心价值观的生活情景和社会氛围，使核心价值观的影响像空气一样无所不在、无时不有。要发挥政策导向作用，使经济、政治、文化、社会等方方面面政策都有利于社会主义核心价值观的培育。要用法律来推动核心价值观建设。各种社会管理要承担起倡导社会主义核心价值观的责任，注重在日常管理中体现价值导向，使符合核心价值观的行为得到鼓励、违背核心价值观的行为受到制约。

五、以深化体制机制改革、提升文化软实力为关键

文化软实力集中体现了一个国家基于文化而具有的凝聚力和生命力，以及由此产生的吸引力和影响力。古往今来，任何一个大国的发展进程，既是经济总量、军事力量等硬实力提高的过程，也是价值观念、思想文化等软实力提高的进程。习近平总书记指出，提高国家文化软实力，关系我国在世界文化格局中的定位，关系我国国际地位和国际影响力，关系"两个一百年"奋斗目标和中华民族伟大复兴的中国梦的实现。习近平在审时度势的基础上牢牢地抓住文化软实力这个核心主题与发展命脉来谋篇布局，对文化发展战略性问题作了全面系统的部署。总体来说，宏观层面可概括为"'一条道路''一项改革''四个自信''四种形象''树立四观'"，即坚持走中国特色社会主义文化发展道路；坚持深化文化体制改革；坚持理论自信、道路自信、制度自信与文化自信；展示文明大国形象、东方大国形象、负责任大国形象、社会主义大国形象；树立正确的历史观、民族观、国家观与文化观。微观层面概括为"三抓""三传"与"三力"，即在夯实国内文化建设根基方面，要求"从道德抓起，从社会风气抓起，从每一个人抓起"；在传播中国价值观念与中华魅力优化媒介方面，要求我们"综合运用大众传播、群体传播与人际传播"；在提高国际话语权方面，要求我们"增强对外话语的创造力、感召力与公信力"。具体来说，可概括为以下五个方面。

（一）要全面深化文化体制改革，激发文化创新活力

2014年2月28日，习近平总书记在中央全面深化改革领导小组第二次会议上指出，"要紧紧围绕建设社会主义核心价值体系、建设社会主义文化强国，完善文化管理体制和文化生产经营机制，建立健全现代公共文化服务体系、现代文化市场体系来做好工作，以此推动社会主义文化大发展大繁荣"。

（二）要创作生产出无愧于我们这个伟大民族、伟大时代的优秀作品

习近平总书记文艺思想主要体现在2014年10月15日文艺工作座谈会讲话和2016年11月30日中国文学艺术界联合会第十次全国代表大会、中国作家协会第九次全国代表大会讲话中。

1.实现中华民族伟大复兴的中国梦，文艺的作用不可替代

习近平总书记指出，文艺是时代前进的号角，最能代表一个时代的风貌，最能引领一个时代的风气。实现"两个一百年"奋斗目标、实现中华民族伟大复兴的中国梦，文艺的作用不可替代，文艺工作者大有可为。推动文艺繁荣发展，最根本的是要创作生产出无愧于我们这个伟大民族、伟大时代的优秀作品。文艺工作者应该牢记，创作是自己的中心任务，作品是自己的立身之本，要静下心来、精益求精搞创作，把最好的精神食粮奉献给人民。必须把创作生产优秀作品作为文艺工作的中心环节，努力创作生产更多传播当代中国价值观念、体现中华文化精神、反映

中国人审美追求，思想性、艺术性、观赏性有机统一的优秀作品。

2. 文艺不能在市场经济大潮中迷失方向

习近平总书记强调，文艺不能在市场经济大潮中迷失方向，不能在为什么人的问题上发生偏差，否则文艺就没有生命力。低俗不是通俗，欲望不代表希望，单纯感官娱乐不等于精神快乐。精品之所以"精"，就在于其思想精深、艺术精湛、制作精良。文艺工作者要志存高远，随着时代生活创新，以自己的艺术个性进行创新。要坚持百花齐放、百家争鸣的方针，发扬学术民主、艺术民主，营造积极健康、宽松和谐的氛围，提倡不同观点和学派充分讨论，提倡体裁、题材、形式、手段充分发展，推动观念、内容、风格、流派切磋互鉴。

习近平总书记强调，一部好的作品，应该是把社会效益放在首位，同时也应该是社会效益和经济效益相统一的作品。文艺不能当市场的奴隶，不要沾满了铜臭气。优秀的文艺作品，最好是既能在思想上、艺术上取得成功，又能在市场上受到欢迎。

习近平总书记指出，每个时代都有每个时代的精神。文艺是铸造灵魂的工程，文艺工作者是灵魂的工程师。好的文艺作品就应该像蓝天上的阳光、春季里的清风一样，能够启迪思想、温润心灵、陶冶人生，能够扫除颓废萎靡之风。广大文艺工作者要高扬社会主义核心价值观的旗帜，把社会主义核心价值观生动活泼、活灵活现地体现在文艺创作之中，用栩栩如生的作品形象告诉人们什么是应该肯定和赞扬的，什么是必须反对和否定的，做到春风化雨、润物无声。要把爱国主义作为文艺创作的主旋律，引导人民树立和坚持正确的历史观、民族观、国家观、文化观，增强做中国人的骨气和底气。

习近平总书记强调，追求真善美是文艺的永恒价值。艺术的最高境界就是让人动心，让人们的灵魂经受洗礼，让人们发现自然的美、生活的美、心灵的美。我们要通过文艺作品传递真善美，传递向上向善的价值观，引导人们增强道德判断力和道德荣誉感，向往和追求讲道德、尊道德、守道德的生活。只要中华民族一代接着一代追求真善美的道德境界，我们的民族就永远健康向上、永远充满希望。

习近平总书记指出，中华优秀传统文化是中华民族的精神命脉，是涵养社会主义核心价值观的重要源泉，也是我们在世界文化激荡中站稳脚跟的坚实根基。要结合新的时代条件传承和弘扬中华优秀传统文化，传承和弘扬中华美学精神。我们社会主义文艺要繁荣发展起来，必须认真学习借鉴世界各国人民创造的优秀文艺。只有坚持洋为中用、开拓创新，做到中西合璧、融会贯通，我国文艺才能更好地发展繁荣起来。

3.社会主义文艺本质上是人民的文艺

习近平总书记指出，社会主义文艺，从本质上讲，就是人民的文艺。文艺要反映好人民心声，就要坚持为人民服务、为社会主义服务这个根本方向。这是党对文艺战线提出的一项基本要求，也是决定我国文艺事业前途命运的关键。要把满足人民精神文化需求作为文艺和文艺工作的出发点和落脚点，把人民作为文艺表现的主体，把人民作为文艺审美的鉴赏家和评判者，把为人民服务作为文艺工作者的天职。

习近平总书记强调，随着人民生活水平不断提高，人民对包括文艺作品在内的文化产品的质量、品位、风格等的要求也更高了。文学、戏剧、电影、电视、音乐、舞蹈、美术、摄影、书法、曲艺、杂技以及民间文艺、群众文艺等各领域都要跟上时代发展、把握人民需求，以充沛的激情、生动的笔触、优美的旋律、感人的形象创作生产出人民喜闻乐见的优秀作品，让人民精神文化生活不断迈上新台阶。

习近平总书记强调，人民是文艺创作的源头活水，一旦离开人民，文艺就会变成无根的浮萍、无病的呻吟、无魂的躯壳。能不能搞出优秀作品，最根本的取决于是否能为人民抒写、为人民抒情、为人民抒怀。要虚心向人民学习、向生活学习，从人民的伟大实践和丰富多彩的生活中汲取营养，不断进行生活和艺术的积累，不断进行美的发现和美的创造。要始终把人民的冷暖、人民的幸福放在心中，把人民的喜怒哀乐倾注在自己的笔端，讴歌奋斗人生，刻画最美人物，坚定人们对美好生活的憧憬和信心。

习近平总书记强调，文艺工作者要想有成就，就必须自觉与人民同呼吸、共命运、心连心，欢乐着人民的欢乐，忧患着人民的忧患，做人民的孺子牛。对人民，要爱得真挚、爱得彻底、爱得持久，就要深深懂得人民是历史创造者的道理，深入群众、深入生活，诚心诚意做人民的小学生。艺术可以放飞想象的翅膀，但一定要脚踩坚实的大地。文艺创作方法有一百条、一千条，但最根本、最关键、最牢靠的办法是扎根人民、扎根生活。应该用现实主义精神和浪漫主义情怀观照现实生活，用光明驱散黑暗，用美善战胜丑恶，让人们看到美好、看到希望、看到梦想就在前方。

4.艺术家应该成为时代风气的先觉者、先行者、先倡者

习近平总书记指出，繁荣文艺创作、推动文艺创新，必须有大批德艺双馨的文艺名家。我国作家艺术家应该成为时代风气的先觉者、先行者、先倡者，通过更多有筋骨、有道德、有温度的文艺作品，书写和记录人民的伟大实践、时代的进步要求，彰显信仰之美、崇高之美。文艺工作者要自觉坚守艺术理想，不断提高学养、涵养、修养，加强思想积累、知识储备、文化修养、艺术训练，认真严肃地考虑作品的社会效果，讲品位，重艺德，为历史存正气，为世人弘美德，努力以高尚的职业操守、良好的社会形象、文质兼美的优秀作品赢得人民喜爱和欢迎。

在中国文学艺术界联合会第十次全国代表大会、中国作家协会第九次全国代表大会上，习近平总书记给广大文艺工作者提出四点希望。一是希望大家坚定文化自信，用文艺振奋民族精神。二是希望大家坚持服务人民，用积极的文艺歌颂人民。三是希望大家勇于创新创造，用精湛的艺术推动文化创新发展。四是希望大家坚守艺术理想，用高尚的文艺引领社会风尚。

5.多创作有筋骨、有道德、有温度的文艺作品

习近平总书记强调，要注重艺术的质量，多创作思想

性、艺术性、观赏性相统一的文艺作品，多创作有筋骨、有道德、有温度的文艺作品。总书记特别提出，文艺要创造精品。什么是精品，总书记提出了三个"精"，就是思想精深、艺术精湛、制作精良。总书记还讲了"艺术的最高境界就是让人动心，让人们的灵魂经受洗礼，让人们发现自然的美、生活的美、心灵的美"。

6.要营造有利于文艺创作的良好环境

习近平总书记强调，各级党委要把文艺工作纳入重要议事日程，贯彻好党的文艺方针政策，把握文艺发展正确方向。要选好配强文艺单位领导班子，把那些德才兼备、能同文艺工作者打成一片的干部放到文艺工作领导岗位上来。要尊重文艺工作者的创作个性和创造性劳动，政治上充分信任，创作上热情支持，营造有利于文艺创作的良好环境。要通过深化改革、完善政策、健全体制，形成不断出精品、出人才的生动局面。要高度重视和切实加强文艺评论工作，运用历史的、人民的、艺术的、美学的观点评判和鉴赏作品，倡导说真话、讲道理，营造开展文艺批评的良好氛围。

习近平总书记的讲话，有六个"牢牢把握"十分重要：一要牢牢把握文艺之位，就是文艺的重要地位。文艺是时代前进的号角，最能代表一个时代的风貌，最能引领一个时代的风气。实现"两个一百年"奋斗目标、实现中华民族伟大复兴的中国梦，文艺的作用不可替代，文艺工作者大有可为。二要牢牢把握文艺之魂，就是要大力弘扬社会主义核心价值观，大力弘扬中华优秀传统文化，大力弘扬民族精神和时代精神。三要牢牢把握文艺之本，就是人民。四要牢牢把握文艺之源，就是生活。五要牢牢把握文艺之质，就是要注重艺术的质量。六要牢牢把握文艺之效，就是要始终把社会效益放在首位，实现社会效益与经济效益相统一。

（三）要加快建构中国特色哲学社会科学体系

习近平总书记指出："中国特色哲学社会科学应该涵盖历史、经济、政治、文化、社会、生态、军事、党建等各领域，囊括传统学科、新兴学科、前沿学科、交叉学科、冷门学科等诸多学科，不断推进学科体系、学术体系、话语体系建设和创新，努力构建一个全方位、全领域、全要素的哲学社会科学体系"，"按照立足中国、借鉴国外，挖掘历史、把握当代，关怀人类、面向未来的思路，着力构建中国特色哲学社会科学，在指导思想、学科体系、学术体系、话语体系等方面充分体现中国特色、中国风格、中国气派"。

1.要构建中国特色哲学社会科学的学科体系

习近平总书记指出："要突出优势、拓展领域、补齐短板、完善体系。一是要加强马克思主义学科建设。二是要加快完善对哲学社会科学具有支撑作用的学科，如哲学、历史学、经济学、政治学、法学、社会学、民族学、新闻学、人口学、宗教学、心理学等，打造具有中国特色和普遍意义的学科体系。三是要注重发展优势重点学科。四是要加快发展具有重要现实意义的新兴学科和交叉学科，使这些学科研究成为我国哲学社会科学的重要突破点。五是要重视发展具有重要文化价值和传承意义的'绝学'、冷门学科。"

2.要构建中国特色哲学社会科学的学术体系

要创建具有中国特色的哲学社会科学学术研究体系、学术交流体系、学术评价体系和学术管理体系，打造一流的哲学社会科学学习氛围、研究氛围和实践氛围。

3.要构建中国特色哲学社会科学的话语体系

我们已经解决了"挨打"和"挨饿"问题，但是我们还没有解决"挨骂"的问题。习近平总书记指出："要加强话语体系建设，着力打造融通中外的新概念新范畴新表述，增强在国际上的话语权。"习近平总书记强调："发挥我国哲学社会科学作用，要注意加强话语体系建设。在解读中国实践、构建中国理论上，我们应该最有发言权，但实际上我国哲学社会科学在国际上的声音还比较小，还处于有理说不出、说了传不开的境地。要善于提炼标识性概念，打造易于为国际社会所理解和接受的新概念、新范畴、新表述，引导国际学术界展开研究和讨论。这项工作要从学科建设做起，每个学科都要构建成体系的学科理论和概念。要鼓励哲学社会科学机构参与和设立国际性学术组织，支持和鼓励建立海外中国学术研究中心，支持国外学会、基金会研究中国问题，加强国内外智库交流，推动海外中国学研究。要聚焦国际社会共同关注的问题，推出并牵头组织研究项目，增强我国哲学社会科学研究的国际影响力。要加强优秀外文学术网站和学术期刊建设，扶持面向国外推介高水平研究成果。"

4.要构建中国特色哲学社会科学的管理体系

习近平总书记指出："构建中国特色哲学社会科学

是一个系统工程，是一项极其繁重的任务，要加强顶层设计，统筹各方面力量协同推进。要实施哲学社会科学创新工程，搭建哲学社会科学创新平台，全面推进哲学社会科学各领域创新。"

（四）要把我国从网络大国建设成为网络强国

2014年2月，我国成立"中央网络安全和信息化领导小组"，习近平总书记任组长，网络安全被提升至国家安全战略的新高度，与"发展"进入同等优先级，开启了我国网络空间治理的全新范式。2014年2月27日，在中央网络安全和信息化领导小组第一次会议上，习近平总书记以"没有网络安全就没有国家安全，没有信息化就没有现代化"的清晰战略，提出了建设网络强国的战略目标。在其后一系列国际国内相关会议上，习近平总书记的网络安全观逐渐清晰。

2016年4月19日，习近平总书记在网络安全和信息化工作座谈会上发表重要讲话，强调按照创新、协调、绿色、开放、共享的发展理念推动我国经济社会发展，是当前和今后一个时期我国发展的总要求和大趋势，我国网信事业发展要适应这个大趋势，在践行新发展理念上先行一步，推进网络强国建设，推动我国网信事业发展，让互联网更好造福国家和人民。2016年10月，习近平总书记在中共中央政治局第三十六次集体学习会议上再次强调网络空间治理的迫切性，提出"加快推进网络信息技术自主创新，加快数字经济对经济发展的推动，加快提高网络管理水平，加快增强网络空间安全防御能力，加快用网络信息技术推进社会治理，加快提升我国对网络空间的国际话语权和规则制定权，朝着建设网络强国目标不懈努力"。

2014年7月16日，习近平总书记在巴西国会做《弘扬传统友好　共谱合作新篇》的演讲中强调，"国际社会要本着相互尊重和相互信任的原则，通过积极有效的国际合作，共同构建和平、安全、开放、合作的网络空间，建立多边、民主、透明的国际互联网治理体系"。2015年12月16日，在第二届世界互联网大会开幕式上，习近平总书记发表主旨演讲，全面阐述了中国关于网络空间发展和安全的基本立场，展示了中国对网络空间人类未来发展的前瞻性思考。

1.没有网络安全就没有国家安全

习近平总书记指出，"没有网络安全就没有国家安全，没有信息化就没有现代化"。面对复杂严峻的网络安全形势，习近平总书记提出要抓好四方面工作：树立正确的网络安全观，加快构建关键信息基础设施安全保障体系，全天候全方位感知网络安全态势，增强网络安全防御能力和威慑能力。

2.做好网上舆论工作是一项长期任务

2013年8月19日，习近平总书记在全国宣传思想工作会议上指出，"我国网民有近六亿人，手机网民有四亿六千多万人，其中微博用户达到三亿多人。很多人特别是年轻人基本不看主流媒体，大部分信息都从网上获取。必须正视这个事实，加大力量投入，尽快掌握这个舆论战场上的主动权，不能被边缘化了"，"做好网上舆论工作是一项长期任务，要创新改进网上宣传，运用网络传播规律，弘扬主旋律，激发正能量，大力培育和践行社会主义核心价值观，把握好网上舆论引导的时、度、效，使网络空间清朗起来"。

习近平总书记提出互联网不是法外之地，两类言行决不能任其大行其道，"利用网络鼓吹推翻国家政权，煽动宗教极端主义，宣扬民族分裂思想，教唆暴力恐怖活动，等等，这样的行为要坚决制止和打击，决不能任其大行其道。利用网络进行欺诈活动，散布色情材料，进行人身攻击，兜售非法物品，等等，这样的言行也要坚决管控，决不能任其大行其道"，"形成良好网上舆论氛围，不是说只能有一个声音、一个调子，而是说不能搬弄是非、颠倒黑白、造谣生事、违法犯罪，不能超越了宪法法律界限"，"对网上那些出于善意的批评，对互联网监督，不论是对党和政府工作提的还是对领导干部个人提的，不论是和风细雨的还是忠言逆耳的，我们不仅要欢迎，而且要认真研究和吸取"。

3.网信事业要为了人民、依靠人民

习近平总书记指出，网信事业要发展，必须贯彻以人民为中心的发展思想。这是党的十八届五中全会提出的一个重要观点。要适应人民期待和需求，加快信息化服务普及，降低应用成本，为老百姓提供用得上、用得起、用得好的信息服务，让亿万人民在共享互联网发展成果上有更多获得感。相比城市，农村互联网基础设施建设是我们的短板。要加大投入力度，加快农村互联网建设步伐，扩大光纤网、宽带网在农村的有效覆盖。

习近平总书记提出了"五个可以"：可以做好信息化和工业化深度融合这篇大文章，发展智能制造，带动更多人创新创业；可以瞄准农业现代化主攻方向，提高农业生产智能化、经营网络化水平，帮助广大农民增加收入；可以发挥互联网优势，实施"互联网+教育""互联网+医疗""互联网+文化"等，促进基本公共服务均等化；可以发挥互联网在助推脱贫攻坚中的作用，推进精准扶贫、精准脱贫，让更多困难群众用上互联网，让农产品通过互联网走出乡村，让山沟里的孩子也能接受优质教育；可以加快推进电子政务，鼓励各级政府部门打破信息壁垒、提升服务效率，让百姓少跑腿、信息多跑路，解决办事难、办事慢、办事繁的问题，等等。

对于网民多一些包容和耐心，提出要坚持"六对六要"：对建设性意见要及时吸纳，对困难要及时帮助，对不了解情况的要及时宣介，对模糊认识要及时廓清，对怨气怨言要及时化解，对错误看法要及时引导和纠正。让互联网成为我们同群众交流沟通的新平台，成为了解群众、贴近群众、为群众排忧解难的新途径，成为发扬人民民主、接受人民监督的新渠道。

4.必须突破核心技术这个难题

习近平总书记指出，"互联网核心技术是我们最大的'命门'，核心技术受制于人是我们最大的隐患"，提出"必须突破核心技术这个难题，争取在某些领域、某些方面实现'弯道超车'"，"一方面，核心技术是国之重器，最关键最核心的技术要立足自主创新、自立自强。市场换不来核心技术，有钱也买不来核心技术，必须靠自己研发、自己发展"，"另一方面，我们强调自主创新，不是关起门来搞研发，一定要坚持开放创新，只有跟高手过招才知道差距，不能夜郎自大"。

5.人才是第一资源

习近平总书记指出："互联网主要是年轻人的事业，要不拘一格降人才。要解放思想，慧眼识才，爱才惜才。培养网信人才，要下大功夫、下大本钱，请优秀的老师，编优秀的教材，招优秀的学生，建一流的网络空间安全学院。互联网领域的人才，不少是怪才、奇才，他们往往不走一般套路，有很多奇思妙想。对待特殊人才要有特殊政策，不要求全责备，不要论资排辈，不要都用一把尺子衡量。"

习近平总书记要求："在人才流动上要打破体制界限，让人才能够在政府、企业、智库间实现有序顺畅流动。国外那种'旋转门'制度的优点，我们也可以借鉴。""在人才选拔上要有全球视野，下大气力引进高端人才。我们要顺势而为，改革人才引进各项配套制度，构建具有全球竞争力的人才制度体系。不管是哪个国家、哪个地区的，只要是优秀人才，都可以为我所用。"

6.加快完善互联网管理领导体制

习近平总书记指出，从实践看，面对互联网技术和应用飞速发展，现行管理体制存在明显弊端，主要是多头管理、职能交叉、权责不一、效率不高。同时，随着互联网媒体属性越来越强，网上媒体管理和产业管理远远跟不上形势发展变化。特别是面对传播快、影响大、覆盖广、社会动员能力强的微博客、微信等社交网络和即时通信工具用户的快速增长，如何加强网络法制建设和舆论引导，确保网络信息传播秩序和国家安全、社会稳定，已经成为摆在我们面前的现实突出问题。

习近平总书记强调："企业要承担企业的责任，党和政府要承担党和政府的责任，哪一边都不能放弃自己的责任。网上信息管理，网站应负主体责任，政府行政管理部门要加强监管。主管部门、企业要建立密切协作协调的关系，避免过去经常出现的'一放就乱、一管就死'现象，走出一条齐抓共管、良性互动的新路。"并提出齐抓共管的三项原则，即：坚持鼓励支持和规范发展并行、坚持政策引导和依法管理并举、坚持经济效益和社会效益并重。

7.要推动互联网全球治理体系变革

习近平总书记在世界互联网大会上的讲话最核心的就是提出了国际互联网治理的中国方案，勾勒出了"中国网络观"的蓝图。提出的目标：推动互联网全球治理体系变革。提出实现目标的两大支点：共同构建和平、安全、开放、合作的网络空间；建立多边、民主、透明的全球互联网治理体系。提出的四项原则：尊重网络主权、维护和平安全、促进开放合作、构建良好秩序。提出的五点主张：加快全球网络基础设施建设，促进互联互通；打造网上文化交流共享平台，促进交流互鉴；推动网络经济创新发展，促进共同繁荣；保障网络安全，促进有序发展；构建互联网治理体系，促进公平正义。

（五）要讲好中国故事、传播好中国声音、阐释好中国特色

"中国不乏生动的故事，关键要有讲好故事的能力；

中国不乏史诗般的实践，关键要有创作史诗的雄心。"党的十八大以来，习近平总书记身体力行，在"一带一路"国际合作高峰论坛、G20杭州峰会、联合国教科文组织总部等多个国际重要场合，利用主题演讲、署名文章等形式，以生动的语言、鲜明的表达、国际的视角，讲述中国故事，在世界上掀起强劲的中国风。

2013年8月19日至20日，习近平总书记在全国宣传思想工作会议上强调，宣传工作要坚持党性坚持人民性，要加强宣传报道，讲好中国故事，传播好中国声音。2014年11月28日，习近平总书记在中央外事工作会议上强调，要争取世界各国对中国梦的理解和支持，中国梦是和平、发展、合作、共赢的梦，我们追求的是中国人民的福祉，也是各国人民共同的福祉。要在坚持不结盟原则的前提下广交朋友，形成遍布全球的伙伴关系网络。要提升我国软实力，讲好中国故事，做好对外宣传。

1.要展示中华文化独特魅力

2013年12月30日，习近平在主持十八届中央政治局第十二次集体学习时的讲话中指出，"提高国家文化软实力要继承和弘扬我国人民在长期实践中培育和形成的传统美德，要努力展示中华文化独特魅力"，"使中华民族最基本的文化基因与当代文化相适应、与现代社会相协调，以人们喜闻乐见、具有广泛参与性的方式推广开来，把跨越时空、超越国度、富有永恒魅力、具有当代价值的文化精神弘扬起来，把继承传统优秀文化又弘扬时代精神、立足本国又面向世界的当代中国文化创新成果传播出去"。

2.要努力传播当代中国价值观念

习近平总书记强调，"我国成功走出了一条中国特色社会主义道路，实践证明我们的道路、理论体系、制度是成功的。要加强提炼和阐释，拓展对外传播平台和载体，把当代中国价值观念贯穿于国际交流和传播方方面面"。中国梦反映了中华民族的"共同利益""共同理想""共同追求""共同愿景""共同期盼"，意味着中华民族为人类和平与发展作出更大贡献的真诚意愿。"要把中国梦与当代中国价值观念紧密结合起来，把中国梦同各国各地区人民实现自己的梦想联系起来，在促进互利共赢中引导国际社会全面客观认识中国梦"。

3.要阐释好中国特色

为了帮助世界观察、研究、认识中国，习近平在布鲁日欧洲学院的演讲中，从中国是有着悠久文明的国家、经历了深重苦难的国家、实行中国特色社会主义的国家、世界上最大的发展中国家、正在发生深刻变革的国家五个方面，对中国是一个什么样的国家作了简要回答。他指出，脱离了中国的历史、脱离了中国的文化、脱离了中国人的精神世界、脱离了当代中国的深刻变革，是难以正确认识中国的。世界是多向度发展的，世界历史不是单线式前进的。中国特色社会主义道路具有深厚的历史渊源和广泛的现实基础。阐释好中国特色，对于帮助世界认识中国，引导我国人民树立和坚持正确的历史观、民族观、国家观、文化观，增强做中国人的骨气和底气，有着重要意义。

4.要积极探索对外宣传的新思路新举措

讲好中国故事，就是要通过积极探索对外宣传的新思路新举措，运用各种新兴技术和媒体手段，构建对外话语体系，提高对外文化交流水平，把中华民族5000多年文明史、中国人民近代以来170多年斗争史、中国共产党90多年奋斗史、中华人民共和国60多年发展史、改革开放30多年探索史中蕴含的丰富的各类"故事资源"，讲述好、传播好、阐释好，努力实现"中国文化、国际表达"，增强对外话语的创造力、感召力、公信力，以理服人、以文服人、以德服人，塑造中国的国家形象，宣传中国的发展成就，展示中华文化的魅力。

六、坚持以人民为中心的根本价值导向

（一）人民对美好生活的向往就是我们的奋斗目标

习近平总书记指出，"人民对美好生活的向往，就是我们的奋斗目标"，强调"当只有物质文明建设与精神文明建设都搞好，国家物质力量和精神力量都增强，全国各族人民物质生活和精神生活都改善，中国特色社会主义才能顺利向前推进"。

在提升人民的道德素质方面，习近平总书记一直提倡"立德树人""德育为先"的教育理念，重视道德文化对人民美德、品性的陶冶与浸润作用，强调"道德之于个人、之于社会，都具有基础性意义，做人做事第一位的是崇德修身"，并进一步指出人民要明大德、守公德与严私德。倡导中华民族传统美德。2014年2月24日，习近平总书记在主持

十八届中央政治局第十三次集体学习时指出，中华传统美德是中华文化的精髓，蕴含着丰富的思想道德资源，对历史文化特别是先人传承下来的价值理念和道德规范，要坚持古为今用、推陈出新，有鉴别地加以对待，有扬弃地予以继承，努力用中华民族创造的一切精神财富来以文化人、以文育人。倡导道德模范的引领作用，要求我们深入学习宣传道德模范，"弘扬真善美，传播正能量，激励人民群众崇德向善，见贤思齐，鼓励全社会积善成德、明德惟馨"。

在提高人民的文化素质方面，习近平总书记强调教育的公平性，着重教育质量的提升，颁布《统筹推进世界一流大学和一流学科建设总体方案》，力推教育的发展以为人民提供更多更好的教育资源。习近平总书记在北京大学师生座谈会上对青年的素质提出要求，即青年要拥有"执着的信念、优良的品德、丰富的知识、过硬的本领"，要求文化的建设与发展应主动承担起提升人民的综合素质、促进人民全面发展的职责。

（二）坚持以人民为中心的创作导向

通过发展文化丰富人民的精神生活、建设人民的精神家园是习近平总书记文化思想的重要内容。在文艺工作座谈会上，习近平总书记谈的主要是有关如何开展文艺工作的根本性问题，包括文艺与创作、文艺与市场、文艺与人民、文艺与创新、文艺与生活、世界观与创作方法、文艺工作者的定位、社会效应与经济效益等问题。习近平总书记从中抽出一个核心命题，那就是文艺"为人民"以及"如何为人民"。

习近平总书记强调，"社会主义文艺，从本质上讲，就是人民的文艺"，"文艺要反映好人民心声，就要坚持为人民服务、为社会主义服务这个根本方向。这是党对文艺战线提出的一项基本要求，也是决定我国文艺事业前途命运的关键。要把满足人民精神文化需求作为文艺和文艺工作的出发点和落脚点，把人民作为文艺表现的主体，把人民作为文艺审美的鉴赏家和评判者，把为人民服务作为文艺工作者的天职"。"人民是文艺创作的源头活水，一旦离开人民，文艺就会变成无根的浮萍、无病的呻吟、无魂的躯壳。能不能搞出优秀作品，最根本的决定于是否能为人民抒写、为人民抒情、为人民抒怀。""文艺工作者要想有成就，就必须自觉与人民同呼吸、共命运、心连心，欢乐着人民的欢乐，忧患着人民的忧患，做人民的孺子牛。"远离人民甚至背离人民是难有成就、难有出息的，只能是"咀嚼身边的小悲欢，并把这小悲欢当大世界"。

习近平总书记同时深入思考丰富人民精神生活的方法，如在全国宣传思想工作会议上指出，"多宣传报道人民群众的伟大奋斗和火热生活，多宣传报道人民群众中涌现出来的先进典型和感人事迹，丰富人民精神世界，增强人民精神力量，满足人民精神需求"。

第三章
党的十八大以来文化建设的新政策

党的十八大报告第六部分以"扎实推进社会主义文化强国建设"为题，提出到2020年要使文化产业成为国民经济支柱性产业，并把它作为实现全面建成小康社会目标的一项内容。2013年11月12日召开的党的十八届三中全会，对全面深化改革作出全面部署。为贯彻落实以习近平同志为核心的党中央的决策部署和习近平总书记系列重要讲话精神，中央和地方政策空前密集，内容高度系统，举措空前有力，在全面推进文化体制改革、繁荣发展社会主义文艺、加快构建现代公共文化服务体系、加快文化产业的市场体系建设、努力弘扬中华优秀传统文化等方面，充分践行了习近平总书记治国理政新理念新思想新战略，实现了政策效度的历史性突破，在新的历史起点上进一步推进了社会主义文化的大发展大繁荣。

一、全面推进文化体制机制改革

回望文化体制改革历程，2003 年选择代表性地区、单位适时启动，2008 年全面铺开改革，2011 年提出建设社会主义文化强国的战略目标、明确方向，2013 年十八届中央领导集体明确昭示全面深化改革之后，文化体制改革走进新天地。党的十八大以来，全面深化改革立体启动、纵深推进，"四梁八柱"已经搭建起来，现已进入"内部装修"阶段。

（一）搭建全面深化改革"四梁八柱"

党的十八届三中全会对全面深化改革作出全面部署，文化体制改革是其中重要组成部分。全面深化改革包括60条，文化体制改革方面有4条，分别是：完善文化管理体制，建立健全现代文化市场体系，构建现代公共文化服务体系，提高文化开放水平。并鲜明指出，文化建设是中国特色社会主义"五位一体"总体布局的重要内容，文化体制改革是我国全方位改革事业的重要组成部分。

建设社会主义文化强国，增强国家文化软实力，必须坚持社会主义先进文化前进方向，坚持中国特色社会主义文化发展道路，巩固马克思主义在意识形态领域的指导地位，巩固全党全国各族人民团结奋斗的共同思想基础。坚持以人民为中心的工作导向，坚持把社会效益放在首位、社会效益与经济效益相统一，以激发全民族文化创造活力为中心环节，进一步深化文化体制改革。这为我们在新的起点上加快文化改革发展指明了前进方向。其后不久，中央又召开文化体制改革工作会议，贯彻落实十八届三中全会精神，特别就推进文化体制机制创新各项任务、要求和目标作出具体安排和布置。

《深化文化体制改革实施方案》是中央全面深化改革领导小组审议通过的第一个专项小组改革方案，为今后一个时期的文化改革发展规划了路线图、确立了时间表、布置了任务书，其总的思路和布局是，紧紧围绕一个核心目标，着力抓住两个关键环节，加快构建五个体系。"一个核心目标"即培育和弘扬社会主义核心价值观、建设社会主义文化强国；"两个关键环节"即完善文化管理体制、深化国有文化单位改革；"五个体系"即构建现代公共文化服务体系、现代文化市场体系、优秀传统文化传承体系、对外文化传播和对外话语体系、文化政策法规体系。

（二）全面深入推进"放管服"改革

在简政放权方面，按照建设服务型、创新型政府和法治政府的要求，进一步转变政府职能，简政放权，深入进行文化行政审批制度改革，下放审批、取消审批权限。如，文化部陆续取消行政审批项目28项，下放11项，划转5项，仅保留4项行政许可项目。

在放管结合方面，2016年文化部印发了《文化市场黑名单管理办法（试行）》，在全国试行文化产品黑名单制度，在河北、天津、上海、浙江、湖南、广东、广西、重庆、云南等省、区、直辖市试点文化市场经营主体黑名单管理，试点期限为一年。文化市场黑名单包括文化产品黑名单和经营主体黑名单，全国适用。文化部还对简政放权进行全面检查，2016年印发《关于对文化市场政策落实和行政审批规范化情况开展督查的通知》，全面督查文化市场领域"放管服"政策落地，强化政策执行，促进文化市场消费，重点检查取消下放行政审批事项的政策、降低门槛简化材料的政策、推动行业转型升级的政策、允许内外资企业从事游戏游艺设备生产和销售的政策、文化产品黑名单制度、《艺术品经营管理办法》等。

　　在优化服务方面，为促进各类市场主体公平竞争，2012年，文化部下发了《关于鼓励和引导民间资本进入文化领域的实施意见》，意见中提出要对民营文化企业和国有文化企业一视同仁，打破民间资本进入文化领域的"弹簧门"和"玻璃门"。为净化市场环境，2015年10月，国务院正式印发《关于实行市场准入负面清单制度的意见》，明确表示从2018年起，我国将正式实行全国统一的市场准入负面清单制度。2016年4月，国家发改委、商务部会同有关部门汇总、审查形成的《市场准入负面清单草案（试点版）》已印发，并在天津、上海、福建、广东四个省、直辖市试行。其中涉及许多文化产业领域。同年4月，中共中央办公厅、国务院办公厅又印发了《关于进一步深化文化市场综合执法改革的意见》，提出明确综合执法适用范围、加强综合执法队伍建设、健全综合执法制度机制、推进综合执法信息化建设、完善文化市场信用体系、建立健全综合执法运行机制等重点任务，进一步深化文化市场综合执法改革，促进文化市场持续健康发展。

（三）加快推进立法进程

我国文化管理主要采取行政手段调节，法律手段少，文化立法少，特别是缺乏基础性、全局性和高层级的法律法规。党的十八大以来，我国文化立法工作进程不断加快，文化立法工作取得重大突破。

《公共文化服务保障法》已由全国人民代表大会常务委员会于2016年12月25日发布，自2017年3月1日起施行。这是我国文化领域首部基础性、全局性的法律，首次以法律形式规范和界定各级政府及有关部门在公共文化服务中的责任和义务，将公共文化建设纳入法治化、规范化轨道，对我国公共文化服务保障工作具有里程碑意义，人民群众基本文化权益实现了从行政"维护"到法律"保障"的跨越。

《电影产业促进法》在2016年11月份正式颁布，这是我国文化产业领域的第一部专门法律，其施行将推动电影行业从行政法规监管转向专门法律监管，对促进电影产业的发展具有重要意义。

《网络安全法》是为保障网络安全，维护网络空间主权和国家安全、社会公共利益，保护公民、法人和其他组织的合法权益，促进经济社会信息化健康发展制定的。由全国人民代表大会常务委员会于2016年11月7日发布，自2017年6月1日起施行。

《博物馆条例》（国务院令第659号）是国务院发布的我国博物馆行业第一部全国性法规文件。《博物馆条例》根据全面深化改革、全面依法治国的新要求和我国博

物馆事业发展的实际，针对亟待解决的一些重要问题作出
了明确规定，为规范博物馆监督管理、加强行政执法提供
了法律依据，对于推动我国博物馆事业可持续健康发展具
有重要意义。已由国务院于2015年2月9日发布，自2015年3
月20日起施行。

2015年4月24日第十二届全国人民代表大会常务委员
会第十四次会议对1982年11月19日起施行的《文物保护
法》进行了修订，并于公布之日起施行。

2017年7月22日，第十二届全国人民代表大会常务委
员会第二十八次会议首次审议《中华人民共和国公共图书
馆法（草案）》，待通过后颁布实施。草案确立了公共图
书馆是社会主义公共文化服务体系的重要组成部分，明确
了政府加强公共图书馆建设的责任和鼓励社会力量参与的
要求，并对公共图书馆运行管理制度、应当承担的服务功
能、加强数字资源建设、实现线上线下融合发展等作了规
定。这将是我国第一部图书馆专门法，必将有力保障人民
群众的公共读书阅览权利。

制定《文化产业促进法》《全民阅读促进条例》，
修订《互联网信息服务管理办法》等工作，也正在加紧
推进。

（四）着力推进行业标准化建设

一是进行全方位布局。2015年初，中共中央办公厅、
国务院办公厅印发《关于加快构建现代公共文化服务体系
的意见》，确定了14个小类22条基本公共文化服务的国家
标准。2015年12月，国务院办公厅印发《国家标准化体系

建设发展规划》。2016年3月，知识产权关联性政策《文化企业无形资产评估指导意见》出台，提出了文化企业无形资产评估方法，统一了衡量标准和评估规范，进一步凸显了知识产权在文化企业运营中的重要价值。2016年9月6日，国务院办公厅印发《消费品标准和质量提升规划（2016—2020年）》，提出要加快系统协调、重点突出、覆盖全面的文体用品标准体系和质量保障体系建设，加快全民健身器材、冬季运动器材、户外休闲运动（水上、登山、钓具和自行车等）器材、民族传统运动器材及防护装备等标准的制定，对文房四宝、烟花爆竹、竹藤、丝绸、瓷器、漆器等产业发展需求，加快安全、环保等强制性标准制定，加大旅游景区销售产品的质量监管力度。开展文化创意、传统工艺、评价测试标准化工作，推动国际国内标准同步发展。

二是着力确定行业标准。2014年9月，国家版权局、国家发展和改革委员会印发《使用文字作品支付报酬办法》（以下简称《办法》）。《办法》共17条，分别从版税、基本稿酬加印数稿酬、一次性付酬等支付方式规范使用文字作品支付报酬的标准和计算方法。《办法》规定，在数字或者网络环境下使用文字作品，除合同另有约定外，使用者可以参照《办法》规定的付酬标准和付酬方式付酬。2014年2月，文化部印发《直属艺术院团交响乐团主要乐器配置标准（试行）》；2016年3月，文化部印发《关于发布行业标准〈社区图书馆服务规范〉的通知》；2016年4月，文化部印发《关于发布行业标准〈图书馆行业条码〉的通知》；2016年6月，文化部印发《关于发布行业标准〈演出场所扩声用扬声器系统通用规范〉的通知》；2016年12月，文化部印发《关于发布行业标准〈舞台管理导则〉的通知》；2017年2月，文化部印发《关于废止〈歌舞厅照明及光污染限定标准〉等9项推荐性行业标准的通知》；2017年5月，文化部印发《关于发布行业标准〈演出安全第9部分：舞台幕布安全〉的通知》；2017年7月，文化部印发《关于发布行业标准〈流动图书车车载装置通用技术条件〉的通知》。

三是严格评奖标准。为贯彻党的十八大和十八届三中、四中全会精神，落实文艺工作座谈会精神，中共中央办公厅、国务院办公厅于2015年12月28日印发《关于全国性文艺评奖制度改革的意见》（以下简称《意见》）。《意见》共分10个部分27条，分别强调了改革意义、指导思想和总体目标，明确了举办主体，规范了审批流程，提出了改革措施，还强调了完善标准、提高质量、严格纪律、规范程序、加强监督、抓好落实等方面的内容。总体上看，一是坚持问题导向。针对当前文艺评奖中存在的突出问题，特别是评奖过多过滥、奖项重复交叉等问题，提出了切实有效的措施。二是着眼标本兼治。从完善文艺评奖体制机制出发，对文艺评奖运行的各个方面、各个环节，都作出了明确的规定和要求，内容十分全面和细致。三是注重可操作性。《意见》充分吸收了历次改革的有益经验，注重与中央和国家现有各项政策相衔接，确保政策的系统性和可操作性。《意见》明确提出，要完善科学合理的评价标准。按照思想精深、艺术精湛、制作精良的标准评价作品，把群众评价和专家评议与上座率、收视率、收听率、点击率、发行量等有机统一起来，把深入基层、受到群众欢迎作为重要依据，建立能够反映文艺作品综合质量的评价体系。按照德艺双馨的要求，把社会声誉和艺术成就作为参评的前提条件，向深入生活、扎根人民的文艺工作者倾斜。

（五）加大知识产权保护力度

知识产权是文化产业的灵魂，知识产权保护是文化产业生存和发展的关键。2015年12月，国务院发布《关于新形势下加快知识产权强国建设的若干意见》，要求深化知识产权领域改革，进一步明确知识产权工作规范，加快知识产权强国建设。这一精神要求也反映在2016年的文化产业政策中，系列专项政策密集出台，对知识产权建设进行了全方位、立体化的部署。2016年3月，国家知识产权局印发《2016年国家知识产权示范城市工作计划》，提出了扎实推进企业知识产权工作、积极开展知识产权运营等8项任务；5月，国务院办公厅发布《2016年全国打击侵犯知识产权和制售假冒伪劣商品工作要点》，强调要以网络（手机）游戏、音乐和动漫为重点，打击网络侵权盗版，组织查处违法违规互联网文化产品和经营单位；6月，国务院知识产权战略实施工作部际联席会议办公室出台了《2016年深入实施国家知识产权战略加快建设知识产权强国推进计划》，强调要严格保护知识产权、加强知识产权创造运用。

表1　党的十八大以来关于文化体制改革方面的主要政策文件

时间	发布机关	文件名称
2013.3	文化部	关于加强行政审批规范化建设　开展文化市场行政审批大检查的通知
2013.6	文化部	关于支持转企改制国有文艺院团改革发展的指导意见
2013.6	文化部	关于做好取消和下放营业性演出审批项目工作的通知
2013.8	文化部	关于发布文化市场行政审批办事指南和业务手册的通知
2013.9	文化部	关于印发《文化部信息化发展纲要》的通知
2014.2	文化部	直属艺术院团交响乐团主要乐器配置标准（试行）
2014.2	文化部	关于公开文化部目前保留的行政审批事项的通知
2014.4	文化部	关于贯彻落实《2014年文化系统体制改革工作要点》及其《分工实施方案》的通知
2014.10	文化部	关于成立文化部网络安全和信息化领导小组的通知
2015.1	中共中央办公厅、国务院办公厅	关于加强中国特色新型智库建设的意见
2015.1	文化部	国家文化创新研究中心管理办法（暂行）
2015.3	文化部	关于调整文化部网络安全和信息化领导小组及其办公室成员的通知
2015.9	中共中央办公厅、国务院办公厅	关于推动国有文化企业把社会效益放在首位、实现社会效益和经济效益相统一的指导意见
2015.9	国家文物局	关于深化行政审批制度改革和完善审批事项工作流程的通知
2015.10	中共中央	关于繁荣发展社会主义文艺的意见

续表

时间	发布机关	文件名称
2015.12	中共中央办公厅、国务院办公厅	关于全国性文艺评奖制度改革的意见
2015.12	国务院办公厅	国家标准化体系建设发展规划
2016.1	国务院	国务院关于取消一批职业资格认定许可和认定事项的决定
2016.2	国务院办公厅	国务院办公厅关于加强旅游市场综合监管的通知
2016.2	国务院	关于第二批取消152项中央制定地方实施新政审批事项的决定
2016.2	国务院	关于第二批清理规范192项国务院部门行政审批中介服务事项的决定
2016.2	国务院办公厅	国务院办公厅关于加强旅游市场综合监管的通知
2016.3	国务院	中华人民共和国国民经济和社会发展第十三个五年规划纲要
2016.3	国务院批转国家发改委	关于2016年深化经济体制改革重点工作的意见
2016.3	中国资产评估协会	文化企业无形资产评估指导意见
2016.3.11	文化部	关于发布行业标准《社区图书馆服务规范》的通知
2016.4	文化部、财政部	关于开展引导城乡居民扩大文化消费试点工作的通知
2016.4	文化部	文化部关于发布行业标准《图书馆行业条码》的通知
2016.5	国家新闻出版广电总局	关于移动游戏出版服务管理的通知
2016.5	文化部、发改委、财政部、国家文物局	关于推动文化文物单位文化创意产品开发的若干意见
2016.5	文化部	关于贯彻《国务院关于修改部分行政法规的规定》的通知

续表

时间	发布机关	文件名称
2016.5	文化部	关于对文化市场政策落实和行政审批规范化情况开展督查的通知
2016.6	国务院办公厅	国务院办公厅关于发挥品牌引领作用推动供需结构升级的意见
2016.6	国家新闻出版广电总局、商务部	出版物市场管理规定
2016.6	国家新闻出版广电总局、财政部	国家出版基金资助项目管理办法
2016.6	文化部	关于发布行业标准《演出场所扩声用扬声器系统通用规范》的通知
2016.8	文化部	文化部关于废止部分规范性文件的通知
2016.8	文化部办公厅	关于推进社会艺术水平考级专业目录改革的通知
2016.12	国务院	关于取消一批职业资格许可和认定事项的决定
2016.12	文化部	关于发布行业标准《舞台管理导则》的通知
2017.2	文化部	文化部"十三五"时期文化发展改革规划
2017.2	文化部	关于废止《歌舞厅照明及光污染限定标准》等9项推荐性行业标准的通知
2017.4	文化部	关于印发《文化部"十三五"时期文化产业发展规划》的通知
2017.5	文化部	关于发布行业标准《演出安全第9部分：舞台幕布安全》的通知
2017.6	国家文物局	国家文物局行政许可事项服务规范
2017.7	文化部	关于发布行业标准《流动图书车车载装置通用技术条件》的通知

表2　党的十八大以来文化领域颁布实施的法律条例

时间	发布机关	文件名称
2016.11	全国人大常委会	电影产业促进法
2016.11	全国人大常委会	网络安全法
2016.12	全国人大常委会	公共文化服务保障法
2015.3	国家文物局	博物馆条例

二、繁荣发展社会主义文艺

（一）文艺座谈会开启文艺发展新篇章

2014年10月15日，习近平总书记在北京主持召开文艺工作座谈会。习近平总书记在讲话中围绕文艺工作的根本任务、指导方针、文艺与人民的关系、文艺创作方法、文艺与市场的关系、好作品的标准、文艺队伍建设、文艺工作环境、文艺评论等问题展开科学论述，引发社会各界特别是文艺界的广泛关注。社会各界认为，习近平总书记的重要讲话深刻阐述了文艺和文艺工作者的重大使命，充分阐释了关于文艺繁荣发展的一系列重大问题，具有很强的思想性、针对性和指导性，拓宽了文艺繁荣发展的新境界，开启了文艺发展的新篇章，是当前文艺工作的基本遵循，是新时期马克思主义文艺观中国化的最新成果，是中国特色社会主义文艺健康繁荣的科学理论指南。座谈会后，文艺界迅速行动起来，坚持树立以人民为中心的创作导向，把握中国精神这个社会主义文艺的灵魂，扎实开展"深入生活、扎根人民"主题实践活动，牢记使命，倡议走进基层，在大地上积极奔走，潜心生活的深处，在深入人民生活中提升思想和艺术境界，挖掘出时代的精神内核，再通过合适的形式加以艺术化的提炼，成就触动灵魂的华章，力争让文艺的"高原"上"高峰"耸立。

（二）顶层设计统筹引领文艺发展

2015年10月3日，《中共中央关于繁荣发展社会主义文艺的意见》（以下简称《意见》）出台。《意见》分为6部分25条，包括：做好文艺工作的重大意义和指导思想；坚持以人民为中心的创作导向；让中国精神成为社会主义文艺的灵魂；创作无愧于时代的优秀作品；建设德艺双馨的文艺队伍；加强和改进党对文艺工作的领导。《意见》呈现7大亮点，一是给"深入生活"加把火：使其成为业务考核、职称评定和表彰奖励的重要依据。二是下沉到基层：落实乡镇文化站职能，扶持网络文艺社群和乡土文化能人。三是着眼"百年大计"：实施农村中小学艺术教育计划，扶持中华文化基因校园传承工作。四是绝不让文艺成为市场的奴隶：把票房收视率等量化指标，与专家评价、群众认可相统一。五是解决"有高原缺高峰"困境：重点扶持原创、个性化创造，避免过多过滥重复改编。六是为网络文艺正名打气立规矩：鼓励推出优秀网络原创作品，让正能量引领网络文艺发展。七是引导文艺工作者处理好义利关系：既看作品也重人品，从管理机制上杜绝"见利忘义"和"唯利是图"。

2017年5月，文化部印发《"十三五"时期繁荣群众文艺发展规划》（以下简称《规划》），这是国家出台的首个全面指导群众文艺工作的五年规划。《规划》的出台，弥补了宏观政策的短板，强化了各级文化行政部门的主体责任，强化了以人民为中心的工作导向。《规划》聚焦激发人民创造活力，要求充分尊重人民群众主体地位和首创精神，以基层群众为服务对象和表现主体，引导群众自我表现、自我教育、自我服务，不断提升广大人民群众的获得感和幸福感。《规划》共分3个部分。第一部分包括指导思想、基本原则和发展目标，提出按照坚持正确导向、坚持群众主体、鼓励社会参与、坚持普及与提高相结合、坚持继承和创新相结合的基本原则，到2020年，基本形成群众创造活力迸发、优秀作品不断涌现、人才队伍日益壮大、文艺活动蓬勃开展的群众文艺繁荣发展新格局。第二部分从推出优秀群众文艺作品、广泛开展群众文艺活动、完善群众文艺工作机制、培育和壮大群众文艺力量、加强群众文艺阵地建设管理等五个方面提出了繁荣群众文艺的20项重点任务。第三部分从加强组织领导、加强经费支持、加强资源整合、营造良好环境、强化责任落实等五方面明确了繁荣群众文艺的保障措施。

2017年7月，文化部印发《"十三五"时期艺术创作规划》（以下简称《规划》），明确了"十三五"时期艺术创作的指导思想、基本原则、发展目标及主要指标、创作主题、重点任务、保障措施。《规划》提出了"十三五"时期艺术创作的指导思想：全面贯彻党的十八大和十八届三中、四中、五中、六中全会精神，深入学习贯彻习近平总书记系列重要讲话精神特别是在文艺工作座谈会和中国文联十大、中国作协九大开幕式上的重要讲话精神，坚持为人民服务、为社会主义服务，坚持百花齐放、百家争鸣，坚定文化自信，坚持以人民为中心的创作导向，以培育和弘扬社会主义核心价值观为根本任务，以中华优秀传统文化为根脉，勇攀艺术高峰，为实现"两个一百年"奋斗目标、实现中华民族伟大复兴的中国梦提供强大的价值引导力、文化凝聚力、精神推动力。《规划》明确了发展目标，即到2020年艺术生产机制更加健全，艺术创作更加繁荣，艺术评价体系更加完善，艺术人才队伍更加壮大，优秀文艺作品不断涌现，人民群众精神文化生活不断迈上新台阶。根据这一规划，"十三五"时期艺术创作的主要指标是重点推出50部左右思想精深、艺术精湛、制作精良的舞台艺术作品，扶持100部舞台艺术剧本创作；实现全国文艺院团领导干部轮训，培训1000名戏曲编剧、导演、音乐、舞台美术、评论等骨干人才；推出100件左右优秀主题性美术作品和150个左右美术馆馆藏精品展览，扶持建立2至3家国家美术藏品修复示范中心；国家艺术基金立项资助项目达到4000项左右。

（三）改革艺术创作激励支持机制

《"十三五"时期艺术创作规划》（以下简称《规划》）从作品创作机制、评价激励机制、优秀作品推广、优秀文化传承和人才培养等方面，提出了一些新的发展理念和思路：

一是注重艺术创作生产引领。推动艺术创作繁荣发展，最根本的是要创作生产出无愧于我们这个伟大民族、伟大时代的优秀艺术作品。《规划》重点从建设深入生活、扎根人民常态化的工作机制入手，推动主题实践活动常态化开展，树立人民至上的创作理念，加强艺术创作生产引领。

二是强调优秀剧目创作生产，扶持精品创作。《规划》强调，要逐步形成策划一批、创作一批、演出一批的优秀作品创作生产机制，每年发布"全国舞台艺术重点创作剧目名录"，并从中遴选"国家舞台艺术精品创作扶持工程重点扶持剧目"。同时，完善国家资助机制，进一步健全管理制度，提高资助质量，为艺术精品创作提供资金保障。国家艺术基金2014年正式运行，打破了以往财政投入直接"养人"的模式，变养人为养项目，变"办文化"为"管文化"，有利于突破条块分割，推动政府职能转变，这是国家艺术资助机制的重大变革。"一剧两星"政策引发电视业巨变，国家新闻出版广电总局2014年4月15日宣布，自2015年1月1日开始，对卫视综合频道黄金时段电视剧播出方式进行调整。具体内容包括：同一部电视剧每晚黄金时段联播的卫视综合频道不得超过两家，同一部电视剧在卫视综合频道每晚黄金时段播出不得超过两集。新政一出，在中国沿用多年的"4+X"即首轮在四家卫视频道播出，还可搭配若干地面频道的电视剧播出模式退出舞台，这对整个电视业甚至观众的文化生活产生深远影响。"一剧两星"政策之下，虽然每晚少播一集电视剧，但可供选择的电视剧反而变多了，这对丰富百姓文化生活来说是个利好消息。

三是进一步完善艺术创作评价机制。文艺理论与批评对于引领艺术创作发展方向，警惕文艺媚俗化和功利化，促进创作繁荣具有重要的指导作用。艺术创作的评价机制中，应当运用好"评奖"这一评价手段，进一步改革和完善评奖机制，加强艺术评论，建立健全科学合理的文艺作品评价体系，把遵循社会主义先进文化前进方向和人民满意作为最高标准，把群众评价、专家评价和市场检验统一起来。

四是注重艺术人才队伍建设。《规划》提出，多措并举，形成有步骤、有层次、系统化的人才培养机制，建设一支德艺双馨、专业均衡、结构合理、数量宏大的人才队伍。《规划》着重强调，在"十三五"时期，实施当代戏曲名家收徒传艺工程，由老一代表演艺术家向青年演员传授表演精粹；实施戏曲艺术人才培养"千人计划"、西部及少数民族地区艺术创作提升计划、全国文艺院团长培训等措施办法，丰富演艺人才的培养模式，提升专业人才的综合素质和业务素养。

五是注重传承和弘扬中华优秀传统文化。《规划》强调在"十三五"期间，实施戏曲振兴工程，鼓励戏曲创作，实施剧本扶持工程和戏曲剧本孵化计划，从创作源头入手，推动优秀剧目创作；举办艺术节庆及全国基层院团戏曲会演等展演展示活动，激活戏曲生命力，推动地方戏曲深入基层，巩固戏剧在基层的优势地位。

（四）加强和改进文艺评论工作

创作与批评本是文艺活动同等重要的两个方向，向来有"鸟之双翼、车之两轮"之喻。繁荣文艺创作，离不开文艺批评的健康发展。但纵观近年来的文艺批评，虽有成就，问题亦多多。在此背景下，2014年5月30日，中国文联成立文艺评论家协会。同年11月22日，中国文学批评研究会成立。这两件具有风向标意义的事件被看作评论界重塑批评精神的重大举措，将对加强文艺评论队伍建设、促进文艺繁荣发展起到积极的推动作用。

表3　党的十八大以来支持文艺创作主要政策一览表

时间	发布机关	文件名称
2014.5	文化部	国家艺术基金章程
2014.8	文化部、财政部	文化产业创业创意人才扶持计划面向全国征集优秀动漫游戏创意作品
2015.1	文化部	关于2015—2017年国际艺术比赛获奖选手奖励办法的通知
2015.10	中共中央	关于繁荣发展社会主义文艺的意见
2016.1	文化部	关于协助做好舞剧《丝海梦寻》全国巡演工作的通知
2016.3	文化部	关于印发《群星奖评奖办法》的通知
2016.3	文化部	关于实施国家舞台艺术精品创作工程和2016年度申报工作的通知
2016.3	文化部	关于协助做好话剧《回民干娘》全国巡演工作的通知
2016.3	文化部	关于开展"中华优秀传统艺术传承发展计划"2016年度戏曲专项扶持工作的通知
2016.4	文化部	关于开展主题歌曲创作和推广活动的通知
2016.5	文化部	关于印发《文华奖章程》的通知
2017.5	文化部	关于印发《"十三五"时期繁荣群众文艺发展规划》的通知
2017.5	文化部	关于举办2017年全国小剧场戏剧优秀剧目展演的通知

续表

时间	发布机关	文件名称
2017.5	文化部	关于2017年度国家舞台艺术精品创作扶持工程评审结果的公示
2017.5	文化部	关于公布2017年度国家美术作品收藏和捐赠奖励项目名单的通知
2017.6	文化部	关于印发《文化部"十三五"时期艺术创作规划》的通知

三、加快构建现代公共文化服务体系

党的十八大以来,我国公共文化服务体系建设成效显著。按照标准化、均等化的要求,坚持政府主导、社会参与,加强文化基础设施建设,完善公共文化服务网络,构建覆盖城乡、结构合理、功能健全、实用高效的公共文化服务体系,为丰富群众文化生活创造了便利条件、提供多样化平台。初步建成了包括国家、省、地市、县、乡、村和城市社区在内的六级公共文化服务网络。创新公共文化服务的理念和模式,变政府"端菜"为群众"点菜",公共文化服务活力进一步增强。公共文化服务从以前的基本性、均等性、便利性,发展到现在的综合化、标准化、效能化,规模大、档次高、功能强、内容丰,成为文化惠民的重要成果。

(一)加强顶层设计

党的十八大提出要加快推进文化惠民工程,推动公共文化服务设施向社会免费开放;十八届三中全会提出"建立健全现代公共文化服务体系";十八届四中全会提出,要制定《公共文化服务保障法》；2015年初，中共中央办公厅、国务院办公厅印发《关于加快构建现代公共文化服务体系的意见》，确定了14个小类22条基本公共文化服务的国家标准，对现代公共文化服务体系建设进行了顶层设计。2014年3月19日，由文化部、中宣部、中央编办、中央文明办、发改委、教育部、科技部、财政部、新闻出版广电总局等20家成员单位组成的国家公共文化服务体系建设协调组正式成立。对于构建公共文化服务体系，主要是从以下方面发力。

统筹公共文化服务设施网络建设。建立健全公共文化服务统筹协调机制，加强整体规划，重点推进市、区、街道（社区）或县、乡、村三级综合性文化服务中心建设，实现资源整合、共建共享。

促进基本公共文化服务标准化、均等化。研究制定公共文化权益保障标准、基本公共文化服务内容供给标准，推动文化信息资源共享工程等文化惠民项目与群众文化需求有效对接。

分类推进文化事业单位改革。明确不同文化事业单位功能定位，建立法人治理结构，完善绩效考核机制。推动公共图书馆、博物馆、文化馆、科技馆等组建理事会，吸纳有关方面代表、专业人士、各界群众参与管理。

推动公共文化服务社会化发展。引入竞争机制，加大政府购买服务力度，鼓励社会力量、社会资本参与公共文化服务体系建设，培育文化非营利组织，推动文化志愿服务工作制度化、常态化。

（二）加大财政资金支持力度

中共中央办公厅和国务院办公厅联合印发的《关于加快构建现代公共文化服务体系的意见》，拉开了公共文化服务体系建设的大幕。又提出了以政府向社会力量购买公共文化服务的方式提高公共文化服务的水平和效能，出台了针对基层和贫困地区的公共文化服务政策，还将备受社会关注的"大妈广场舞"问题进行规范引导。各地也积极配合国家政策出台相应的实施意见。2015年12月，财政部又印发了《中央补助地方公共文化服务体系建设专项资金管理暂行办法》，设立中央补助地方公共文化服务体系建设专项资金，加快构建现代公共文化服务体系，促进基本公共文化服务标准化均等化，保障群众基本文化权益。

与国家脱贫攻坚战略相衔接，坚持反弹琵琶、精准扶贫，助推贫困地区与全国同步实现文化小康。中央有关部门统筹安排财政资金，实施百县万村综合文化中心工程，在集中连片特殊困难地区县和国家扶贫开发工作重点县扶持建设一万个村综合文化服务中心，让贫困地区的群众也能享受文化之光。

（三）发挥国家公共文化服务体系示范区引领作用

2015年11月6日，文化部、财政部在上海召开国家公共文化服务体系示范区（项目）创建工作会议。会议宣布了首批国家公共文化服务体系示范区（项目）名单。江苏省苏州市等31个城市成为我国首批国家公共文化服务体系示范区，这标志着以文化惠民为核心的我国公共文化服务体系建设迈入一个新的阶段。

国家公共文化服务体系示范区（项目）创建工作，是文化部、财政部在"十二五"期间共同开展的一项重大文化惠民项目，旨在推动各地研究和解决公共文化服务体系建设面临的突出矛盾和问题，探索建立公共文化服务体系可持续发展的长效保障机制，为同类地区提供借鉴和示范，为国家制定相关政策提供科学依据和实践经验。创建工作自2011年开始，每两年一个周期，计划开展三批示范区创建。2013年9月，第一批31个创建示范区、45个创建示范项目通过评审验收。在第一批示范区（项目）两年的创建周期内，各地在设施建设、体制机制改革等方面重点推进。据估算，中央财政3.05亿元示范区创建补助资金撬动了地方财政资金投入超过150亿元。这些措施推动当地公共文化服务体系实现了跨越式发展，使人民群众真正享受到了创建示范区带来的文化惠民成果。

四、加快文化产业的市场体系建设

党的十五大首次提出了文化产业概念。到了党的十六大明确了文化产业和文化事业的不同属性以及各自特征。党的十七大后、特别是党的十七届六中全会明确将文化产业的发展朝着国民经济发展的支柱性产业加以规划和引导。党的十八大后，明确提出加快文化产业的市场体系建设，"十三五"规划纲要提出到"十三五"末文化产业成为国民经济支柱性产业，这顺应了文化产业发展的基本趋势，为未来文化产业发展提供强大的动力引擎。

（一）政策空前密集，内容高度系统

2014年、2015年、2016年是政策出台密集的三年。以2014年为例，国家先后发布了产业融合、文化金融、文化贸易等10个文件，特别是3月份，一口气发布了4个国家级文化产业文件。内容涵盖了产业融合、文化金融、文化贸易、文化体制改革、特色文化产业发展、小微文化企业支持、文化产业带（走廊）建设等方面。这种高度系统化的政策，既是多年来文化探索实践成果的集中总结和发展突破的必然要求，也反映了政府对自身角色的重新定位：成为产业发展环境的有力营造者。

（二）强调社会效益和经济效益相统一

2015年9月，中共中央办公厅、国务院办公厅印发了《关于推动国有文化企业把社会效益放在首位、实现社会效益和经济效益相统一的指导意见》，把实现"双效统一"作为制度固化于企业发展过程中，为形成体现文化企业特点、符合现代企业制度要求的资产组织形式和经营管理模式奠定了坚实基础。

（三）推进文化创意和设计服务及相关产业融合发展

2014年2月，为了实现由中国制造到中国创造的升级和转变，促进中国的农业产品、工业产品、文化产品和服务创新的发展，国务院出台了《文化创意和设计服务及相关产业融合发展促进相关若干意见》。其中明确移动互联网在内的数字文化产业是国家重点支持的方向。国务院把推进文化创意和设计服务与相关产业融合发展，作为转方式、调结构、实现由"中国制造"向"中国创造"的重大举措，体现了中央在新形势新背景下对文化产业战略地位和重大作用的准确把握，既对推动国民经济转型升级具有重要指导意义，也给文化产业带来了新的重要发展机遇，提供了更广阔的发展空间。文化产业将不再作为一个独立发展的个体，而是与其他行业与产业共同发展，文化内容与内涵也将渗透到各行各业，文化产品中文化内容也将会变得越来越丰富，这是由社会发展的文明程度所决定的，顺应了时代潮流。

（四）文化与科技深度融合

1.数字创意产业列为战略新兴产业

高规格推进数字创意产业是现代信息技术与文化创意产业逐渐融合而产生的一种新兴经济形态，是文化产业转型升级的重要方向。如果将数字化作为划分文化产业的标准，那么我国文化产业可分为传统和数字两大阵营，前者包括传统的媒体、演艺、旅游与工艺品等行业，后者包括动漫游戏、数字音乐、网络文学、网络视频和在线演出等行业。从当前的发展态势来看，后者不仅增长得更快，发展潜力也更大。文化观光旅游、数字影视、影视出版等传统业种在文化产业的整体领域中，占有一半以上的比重。近年来，以"互联网+"为代表的数字化技术的发展，出现了"互联网+文化产业"，这类新兴文化产业的发展之迅速，已经超过了传统产业的比重。文化资源的数字增长、创意、设计、生产、拍卖、传递等数字化过程中的价值连锁效应形成，新的商业机会和市场形成，并且随着互联网技术和基础设施的完备加速了信息产业发展的进程。

正是基于此，2016年12月国务院印发的《"十三五"国家战略性新兴产业发展规划》（以下简称《规划》）将数字创意产业列为战略新兴产业，规划"到2020年，形成文化引领、技术先进、链条完整的数字创意产业发展格局，相关行业产值规模达到8万亿元"，并提出了创新数字文化创意技术和装备（包括虚拟现实、增强现实、全息成像、裸眼三维图形显示、交互娱乐引擎开发、文化资源数字化处理、互动影视等核心技术），丰富数字文化创意内容和形式，提升创新设计水平，推进相关产业融合发展，推进数字创意生态体系建设等措施。《规划》的出台，顺应了文化产业发展的基本趋势，为未来文化产业发展提供强大的动力引擎。

2.推动传统媒体和新兴媒体融合发展

2014年8月18日，中央全面深化改革领导小组第四次会议审议通过了《关于推动传统媒体和新兴媒体融合发展的指导意见》，该文件对新形势下如何推动媒体融合发展作出了具体部署，强调要将技术建设和内容建设摆在同等重要的位置，在平台、渠道、技术、运营、人才等方面，实现交汇交融。近年来，媒体竞相打造集数字化、全媒化、集约化为一体的全景平台，区分功能模块，突出能力建设，立足终端开发，不断提高说服力、影响力、公信力，传媒业正在经历着"脱胎换骨"的大变革，而这一文件从国家战略的高度推动传媒业的融合发展，意味着拉开了文化传媒系统新一轮变革的大幕。

3.推进国家级文化和科技融合示范基地建设

2012年5月18日，科技部、中宣部、文化部、广电总局、新闻出版总署五部门联合发布了首批国家级文化和科技融合示范基地。北京中关村国家级文化和科技融合示范基地等16家被认定为首批国家级文化和科技融合示范基地。2013年12月12日，科技部、中宣部、文化部、新闻出版广电总局等4部门认定南京国家级文化和科技融合示范基地等18家为第二批国家级文化和科技融合示范基地。初步形成了文化科技创新的地域格局，从大江南北、珠江两岸，到天府之城展开了文化科技融合创新的大国气象。

（五）文化金融合作从"想说爱你不容易"到"陪你一起慢慢成长"

全国首次文化与金融合作工作会议于2014年3月24日至26日在无锡召开。2014年3月17日，文化部、中国人民银行、财政部联合发布《关于深入推进文化金融合作的意见》（以下简称《意见》），提出建立文化金融合作部际会商机制、完善文化金融中介服务体系、推动文化企业直接融资、创新文化金融服务组织形式、创建文化金融合作试验区等举措。《意见》对今后工作提出指引，重点是体现出近年来文化金融合作的新趋势、新需求、新做法，着力在文化金融的瓶颈环节、薄弱领域下功夫，体现文化金融合作的开拓创新。将直接融资、区域股权市场、普惠金融等推广到文化产业领域。这些措施与其他文化产业政策形成合力，构建了多层次、多渠道、多元化的文化产业投融资体系，为文化产业的发展提供了较为有效的金融支持。

文化金融合作是中国文化产业发展的重要突破点。近几年来，文化与金融的合作拓宽了文化企业的融资渠道，为文化企业的发展提供了有力的资金支持。统计数据显示，2013年以来，文化产业中长期本外币信贷余额增速符合产业发展需求，全国各类型的文化产业股权投资基金募集资金规模创新高。

（六）特色文化产业从"睡美人"到"向阳花"

特色文化产业是指依托各地独特的文化资源，通过创意转化、科技提升和市场运作，提供具有鲜明区域特点和民族特色的文化产品和服务的产业形态。近年来，我国特色文化产业发展势头良好，但还存在产业基础薄弱、市场化程度不高、知名品牌较少、高端创意和管理人才不足等问题。2014年，特色文化产业的发展迎来专属的政策支持。《关于推动特色文化产业发展的指导意见》（以下简称《意见》）的出台，标志着特色文化产业的发展步入新阶段。

《意见》提出以"传承文化，科学发展；因地制宜，突出特色；创意引领，跨界融合；市场运作，政府扶持"为基本原则推动特色文化产业发展，在产业发展尤其是特色街区、特色村镇、园区基地建设中，注重保护乡村原始风貌、文化特色和自然生态，突出传统特点，不搞大拆大建，不拆真建假，不毁坏古迹和历史记忆。《意见》确定了发展重点领域、发展区域特色文化产业带、建设特色文化产业示范区、打造特色文化城镇和乡村等主要任务；提出到2020年，实现基本建立特色鲜明、重点突出、布局合理、链条完整、效益显著的特色文化产业发展格局，形成若干在全国有重要影响力的特色文化产业带等一系列目标。

为有力推动特色文化产业的发展，《意见》明确了加大财税金融扶持、强化人才支撑、建立重点项目库、支持拓展境外市场等6项保障措施。同时要求各级文化行政部门、财政部门对本地文化资源进行充分的摸底调查，根据本地区实际情况，因地制宜，科学研究制定特色文化产业发展规划，研究制定鼓励本地特色文化产业发展的财政、金融、土地等多方面扶持政策。加强跨地区、跨部门协作，确保各项任务措施落到实处。加强宣传，积极营造全社会支持特色文化产业发展的良好氛围。

《意见》所要推动完成的任务是，发展区域性特色文化产业带，建设特色文化产业示范区，打造特色文化城镇和乡村，健全各类特色文化市场主体，培育特色文化品牌，搭建特色文化产品交易平台。

（七）大力支持中小企业及特色企业

2014年7月，文化部、工业和信息化部、财政部联合印发的《关于大力支持小微文化企业发展的实施意见》（以下简称《意见》），从增强创新发展能力、健全金融服务体系、完善财税支持政策和提高公共服务水平等几个方面支持小微文化企业的发展。政策制定过程中，充分考虑和照顾到文化企业的特点。《意见》集中各方资源，综合运用多种政策手段，对小微文化企业自身发展能力和外部发展环境中具有共性的问题提出针对性的、普惠性的措施。《意见》的一个突出亮点是首次将支持小微文化企业发展与公共文化体系建设结合起来，鼓励小微文化企业参与公共文化服务和政府采购。此举为小微文化企业提供了更大的发展空间。

此外，从知识产权角度来讲，制约小微企业发展壮大的因素主要是知识产权保护力度不够、侵权成本低、维权成本高等。除推动相关法的修订外，国家知识产权局发布《关于知识产权支持小微企业发展的若干意见》（以下简称《意见》）。该《意见》提出了加大对小微企业专利申请的资助力度、引导各类金融机构为小微企业提供知识产权金融服务等措施。这一政策的出台对以创意内容为经营核心的小微文化企业而言也是一大利好。可期待的是，随着相关政策措施的落实和推进，小微文化企业的市场生存环境或将有大改观。

（八）发力促进文化消费

文化消费是指人们利用文化产品或服务来满足精神需求的行为或过程，是推动文化经济发展的原生动力。消费者的消费意愿、消费习惯和支付能力等，直接影响着文化产业产品的生产和服务方式，决定着产业的潜在规模。引导和扩大国民文化消费，是推动我国文化产业发展的重要途径。2016年4月，国家发改委、文化部、新闻出版广电总局等24个部门联合印发了《关于印发促进消费带动转型升级行动方案的通知》；5月，国务院办公厅印发了《关于开展消费品工业"三品"专项行动营造良好市场环境的若干意见》，同月，文化部、财政部下发了《关于开展引导城乡居民扩大文化消费试点工作的通知》；9月，国务院办公厅出台了《消费品标准和质量提升规划（2016—2020年）》，11月又下发了《关于进一步扩大旅游文化体育健康养老教育培训等领域消费的意见》，高密度的政策出台，显示出国家对促进文化消费的重视，也体现了政府通过文化消费推动产业发展的战略意图。《2017年关税调整方案》已经国务院关税税则委员会第七次全体会议审议通过，并报国务院批准，自2017年1月1日起正式实施。其中97011019（油画、粉画及其他手绘画原件）、97020000（雕版画、印制画、石印画的原本）、97030000（各种材料制的雕塑品原件）艺术品关税再次下降至3%（正常税率为12%，2012—2016年暂调至6%）。

表4　党的十八大以来主要文化产业类政策一览表

时间	发布机关	文件名称
2012.12	文化部	关于印发《演出经纪人员管理办法》的通知
2013.2	文化部	关于做好2013年动漫企业认定有关工作的通知
2013.3	文化部	关于贯彻《娱乐场所管理办法》的通知
2014.4	文化部、办公厅	关于修订印发《国家文化产业示范基地管理办法》的通知
2014.4	文化部	文化部重点实验室管理办法（暂行）
2014.8	文化部、财政部	关于推动特色文化产业发展的指导意见
2015.1	国务院	关于促进服务外包产业加快发展的意见
2015.2	国务院	关于加快发展服务贸易的若干意见
2015.3	中国银监会	关于2015年小微企业金融服务工作的指导意见
2015.3	国务院办公厅	关于发展众创空间推进大众创新创业的指导意见
2015.4	国务院	关于改进口岸工作支持外贸发展的若干意见
2015.4	工信部	国家小型微型企业创业示范基地建设管理办法
2015.4	国务院	关于进一步促进展览业改革发展的若干意见

续表

时间	发布机关	文件名称
2015.4	国务院	关于支持中国（福建）自由贸易试验区旅游业开放意见
2015.5	文化部	2015 年扶持成长型小微文化企业工作方案
2015.5	国务院	北京市服务业扩大开放综合试点综合方案
2015.6	国务院	关于大力推进大众创业万众创新若干政策措施的意见
2015.6	国务院办公厅	关于支持农民工等人员返乡创业的意见
2015.6	国务院办公厅	进一步做好新形势下就业创业工作重点任务分工方案
2015.6	国家税务总局	境外旅客购物离境退税管理办法（试行）
2015.7	财政部	中小企业发展专项资金管理暂行办法
2015.8	财政部、国家税务总局	关于继续执行小微企业增值税和营业税政策的通知
2015.8	国务院办公厅	关于进一步促进旅游投资和消费的若干意见
2015.8	财政部	中央财政服务业发展专项资金管理办法
2015.9	国务院	关于加快构建大众创业万众创新支撑平台的指导意见
2015.9	财政部、国家税务总局	关于进一步扩大小型微利企业所得税优惠政策范围的通知
2015.9	财政部、国家新闻出版广电总局	国家电影事业发展专项资金征收使用管理办法
2015.9	国土资源部、国家发改委、科技部、工信部、住建部、商务部	关于支持新产业新业态发展促进大众创业万众创新用地的意见
2015.11	财政部、国家税务总局	关于影视等出口服务使用增值税零税率政策的通知

续表

时间	发布机关	文件名称
2015.11	国务院办公厅	关于加快发展生活性服务业促进消费结构升级的指导意见
2015.11	国务院	关于积极发挥新消费引领作用加快培育形成新供给新动力的指导意见
2015.12	国土资源部、住建部、国家旅游局	关于支持旅游业发展用地政策的意见
2016.1	国务院办公厅	关于推进农村一二三产业融合发展的指导意见
2016.1	中共中央办公厅、国务院办公厅	关于落实发展理念加快农业现代化实现全面小康目标的若干意见
2016.1	文化部	艺术品经营管理办法
2016.2	国务院	中医药发展战略规划纲要（2016—2030年）
2016.2	中共中央办公厅、国务院办公厅	关于加大扶贫攻坚力度支持革命老区开发建设的指导意见
2016.2	中共中央办公厅、国务院办公厅	关于进一步加强城市规划建设管理工作的若干意见
2016.2	文化部	艺术品经营管理办法
2016.2	文化部	文化市场黑名单管理办法（试行）
2016.2	国务院办公厅	关于加强旅游市场综合监管的通知
2016.2	文化部	文化部关于启用新版文化市场经营许可证的通知
2016.3	国家知识产权局办公室	2016年国家知识产权示范城市工作计划
2016.3	国家知识产权局办公室	关于加强2016年度知识产权市场管理与服务工作的通知
2016.4	中共中央办公厅、国务院办公厅	关于进一步深化文化市场综合执法改革的意见

续表

时间	发布机关	文件名称
2016.4	中共中央宣传部、财政部	文化企业无形资产评估指导意见
2016.4	文化部办公厅	关于加强旅游市场文化经营活动监管的通知
2016.5	国务院办公厅	2016年全国打击侵犯知识产权和制售假冒伪劣商品工作要点
2016.5	国务院办公厅	关于开展消费品工业"三品"专项行动营造良好市场环境的若干意见
2016.5	文化部、财政部	关于开展引导城乡居民扩大文化消费试点工作的通知
2016.6	国务院知识产权战略实施工作部际联系会议办公室	2016年深入实施国家知识产权战略加快建设知识产权强国推进计划
2016.6	国家新闻出版广电总局	关于大力推动广播电视节目自主创新工作的通知
2016.6	国家新闻出版广电总局办公厅	关于移动游戏出版服务管理的通知
2016.6	国家新闻出版广电总局	出版物市场管理规定
2016.6	国家新闻出版广电总局、财政部	国家出版基金资助项目管理办法
2016.6	中宣部、国家新闻出版广电总局、国家发改委、教育部、财政部等11部门	关于支持实体书店发展的指导意见
2016.6	国务院	国务院关于印发全民健身计划（2016—2020年）的通知

续表

时间	发布机关	文件名称
2016.7	中共中央办公厅、国务院办公厅	国家信息化发展战略纲要
2016.7	文化部	关于加强网络表演管理工作的通知
2016.7	国家知识产权局	国务院关于新形势下加快知识产权强国建设的若干意见
2016.7	文化部	关于公布第一批国家文化消费试点城市名单（第一次）的通知
2016.8	国务院办公厅	关于同意建立消费者权益保护工作部际联系会议制度的函
2016.8	文化部办公厅	关于转发《财政部海关总署国家税务总局关于动漫企业进口动漫开发生产用品税收政策的通知》的通知
2016.9	文化部	关于推动文化娱乐业行业转型升级的意见
2016.9	国家发改委、国家旅游局	全国生态旅游发展规划（2016—2025 年）
2016.10	国家发改委	关于加快美丽特色小（城）镇建设的指导意见
2016.10	中共中央、国务院	"健康中国"2030 规划纲要
2016.10	国务院办公厅	关于加快发展健身休闲产业的指导意见
2016.11	国务院办公厅	关于支持返乡下乡人员创业创新促进农村一二三产业融合发展的意见
2016.11	国家新闻出版广电总局	关于实施"中国原创游戏精品出版工程"的通知
2016.11	国务院办公厅	关于进一步扩大旅游文化体育健康养老教育培训等领域的意见
2016.12	国务院	"十三五"国家战略性新兴产业发展规划
2016.12	工信部、财政部	关于推进工业文化发展的指导意见
2016.12	国务院关税税则委员会	2017 年关税调整方案

时间	发布机关	文件名称
2016.12	文化部	关于规范网络游戏运营加强事中事后监管工作的通知
2016.12	国家新闻出版广电总局	微博、微信等网络社交平台传播视听节目的管理规定
2016.12	国务院	"十三五"旅游业发展规划
2016.12	国家发改委、国家旅游局	关于实施旅游休闲重大工程的通知
2016.12	国家发改委	关于实施"千企千镇工程"推进美丽特色小（城）镇建设的通知
2016.12	文化部	关于印发《网络表演经营活动管理办法》的通知
2017.4	文化部	关于印发《文化部"十三五"时期文化产业发展规划》的通知
2017.4	文化部	关于印发《文化部"十三五"时期文化科技创新规划》的通知
2017.5	文化部	关于推动数字文化产业创新发展的指导意见
2017.5	国家新闻出版广电总局、财政部	关于深化新闻出版业数字化转型升级工作的通知

五、努力弘扬中华优秀传统文化

（一）让文物活起来

为"让收藏在博物馆里的文物、陈列在广阔大地上的遗产、书写在古籍里的文字都活起来"，2016年3月，国务院发布了《关于进一步加强文物工作的指导意见》，要求大力发展文博创意产业，进一步调动博物馆利用馆藏资源开发创意产品的积极性，扩大和引导文化消费，培育新型文化业态。5月，国务院办公厅转发了文化部、国家发改委、财政部、国家文物局《关于推动文化文物单位文化创意产品开发的若干意见》，进一步明确了文化文物单位文化创意产品开发的总体要求、主要任务、支持政策和保障措施。10月，国家文物局又印发了《关于促进文物合理利用的若干意见》，细化了税收、奖励等具体促进办法，提出试点单位可"在净收入中提取最高不超过50%的比例用于对在开发设计、经营管理等方面作出主要贡献的人员给予奖励"，探索建立博物馆文化创意产品开发的良性机制。2017年2月，国家文物局正式发布《国家文物事业发展"十三五"规划》，规划明确要求坚持保护为主、保用结合，坚持创造性转化和创新性发展，大力拓展文物合理适度利用的有效途径，促进文化创意产品开发，让文物活起来，讲好中国故事，提升中华文化国际影响力。根据规划，到2020年，将打造出一个主体多元、结构优化、特色鲜明、富有活力的博物馆体系，全国博物馆公共文化服务人群覆盖率达到每25万人拥有1家博物馆，观众人数达到8亿人次/年等。

（二）开展全国首次可移动文物的普查工作

2016年1月31日，全国可移动文物普查全面启动。本次普查是中华人民共和国成立以来由国务院统一组织、在全国范围实施、针对可移动文物的首次普查，是在我国文化遗产领域开展的又一重大国情国力调查。普查时间持续至2016年12月，普查范围是我国境内（不包括港澳台地区）全部国有单位收藏保管的可移动文物，包括各级国家机关、事业单位、国有企业和国有控股企业、中国人民解放军和武警部队等，覆盖19个行业、100余万家国有单位，民间收藏文物暂不列入本次普查范围。本次普查重在现状调查和文物基本信息登记，不改变文物权属现状。

普查全国可移动文物共计10815万件/套。其中完成登录备案的国有可移动文物2661万件/套（实际数量6407万件/套），纳入普查统计的各级档案机构的纸质历史档案8154万卷/件。普查除对文物本体信息进行逐项登记外，还对收藏单位情况、文物保管条件等同时开展了调查，全面摸清了我国国有可移动文物家底。普查建立了各省级文物资源目录和文物资源地图。各级地方政府全面掌握了本行政区域文物资源状况、收藏单位数量和行业分布，有效助力各级政府文化建设和区域经济社会发展。

（三）持续增强申遗工作力度

中国于1985年12月12日正式加入《保护世界文化与自然遗产公约》；1999年10月29日，中国当选为世界遗产委员会成员；1986年，中国开始向联合国教科文组织申报世界遗产项目。2013年1月，中国与哈萨克斯坦、吉尔吉斯斯坦三国"丝绸之路：起始段与天山廊道的路网"项目申遗文本已正式报送联合国教科文组织，申请于2014年列入《世界遗产名录》，标志着丝绸之路跨国申遗工作正式启动。2014年6月22日，由中哈吉三国联合申报世界文化遗产成功，成为首例跨国合作、成功申遗的项目。中国的不懈努力得到了世界认可。在2013年6月召开的第37届世界遗产委员会会议上，新疆天山列入世界自然遗产，红河哈尼梯田文化景观入选世界文化遗产。2013年12月，中国珠算成功列入联合国教科文组织"人类非物质文化遗产名录"，中国以总数38个项目成为入选联合国教科文组织非物质文化遗产名录项目最多的国家，也是联合国教科文组织"人类非物质文化遗产代表作名录""急需保护的非物质文化遗产名录""优秀实践名册"三项名录中都有项目列入其中的少数国家之一。自2006年以来，文化部连续11年举办文化遗产日非物质文化遗产宣传展示活动，对于增强全社会的文化遗产保护意识起到了重要的推动作用。2016年9月，国务院决定把"文化遗产日"调整设立为"文化和自然遗产日"。截至2017年7月9日，中国世界遗产已达52项，其中世界文化遗产36项、世界文化与自然双重遗产4项、世界自然遗产12项，在世界遗产名录国家里排名第二，仅次于意大利（53项）。中国是世界上拥有世界遗产类别最齐全的国家之一，也是世界文化与自然双重遗产数量最多的国家（与澳大利亚并列，均为4项）。

（四）实施"互联网+中华文明"三年行动计划

为贯彻落实国务院《关于进一步加强文物工作的指导意见》（国发〔2016〕17号）和《关于积极推进"互联网+"行动的指导意见》（国发〔2015〕40号），2016年11月29日，国家文物局、国家发展和改革委员会、科学技术部、工业和信息化部、财政部联合发布《"互联网+中华文明"三年行动计划》（以下简称《行动计划》）。

《行动计划》指出，到2019年末，初步构建文物信息资源开放共享体系，基本形成授权经营、知识产权保护等规则规范；树立一批具有示范性、带动性和影响力的融合型文化产品和品牌；培养一批高素质人才，培育一批具有核心竞争力的文博单位和骨干企业；初步建立政府引导、社会参与、开放协作、创新活跃的业态环境，扩展文物资源的社会服务功能，为满足人民群众多层次、多形式、多样化的精神文化需求，促进文化繁荣和经济社会发展作出新的贡献。

《行动计划》旨在将互联网的创新成果与中华传统文化的传承、创新与发展深度融合，深入挖掘和拓展文物蕴含的历史、艺术、科学价值和时代精神，丰富文化供给，促进文化消费，形成更广泛的以互联网为基础设施和创新要素的文物合理利用新形态，彰显中华文明的独特魅力。作为国家"互联网+"战略的重要组成部分，"互联网+中华文明"也是"稳增长、调结构"中的重要一环，在"创新、协调、绿色、开放、共享"的发展理念下，对打造大众创业、万众创新和增加公共产品、公共服务"双引擎"，主动适应和引领经济发展新常态，形成经济发展新动能，对实现经济提质增效升级具有重要意义。

国家文物局将继续加强沟通协作，破解文物资源开放和授权管理经营等方面难题，切实解决在实施过程中所碰到的政策性问题。同时，逐步开展"互联网+中华文明"项目意见征集及"互联网+中华文明"示范基地、示范项目评审推介等工作，推动示范引领体系化，促进产业发展融合化，实现资金渠道多元化。

（五）大力支持中医药发展

2016年12月27日，国务院印发《中医药发展战略规划纲要（2016—2030年）》（以下简称《纲要》）。《纲要》明确了未来15年中国中医药发展方向和工作重点，是新时期推进中国中医药事业发展的纲领性文件。

《纲要》提出，要坚持中西医并重，落实中医药与西医药的平等地位，遵循中医药发展规律，以推进继承创新为主题，以提高中医药发展水平为中心，以完善符合中医药特点的管理体制和政策机制为重点，以增进和维护人民群众健康为目标，拓展中医药服务领域，促进中西医结合。到2020年，实现人人基本享有中医药服务，中医药产业成为国民经济重要支柱之一；到2030年，中医药服务领域实现全覆盖，中医药健康服务能力显著增强，对经济社会发展作出更大贡献。

《纲要》明确了今后一个时期中医药发展的重点任务。一要切实提高中医医疗服务能力，完善覆盖城乡的中医医疗服务网络，促进中西医结合和民族医药发展，放宽中医药服务准入，推动"互联网+"中医医疗。二要大力发展中医养生保健服务，加快服务体系建设，提升服务能力，促进中医药与健康养老、旅游产业等融合发展。三要全面做好中医药理论方法继承，加强中医药传统知识保护与技术挖掘，强化中医药师承教育。四要着力推进中医药创新，加强对重大疑难疾病、重大传染病的联合攻关，推动重大中药新药创制取得新进展。五要全面提升中药产业发展水平，加强中药资源保护利用，推进中药材规范化种植养殖，促进中药工业转型升级，构建现代中药材流通体系。六要大力弘扬中医药文化，发展中医药文化产业。七要积极推动中医药海外发展，加强对外交流合作，扩大中医药国际贸易。

（六）加强中国传统村落保护

传统村落传承着中华民族的历史记忆、生产生活智慧、文化艺术结晶和民族地域特色，维系着中华文明的根，寄托着中华各族儿女的乡愁。但是，近一个时期以来，传统村落遭到破坏的状况日益严峻，加强传统村落保护迫在眉睫。为贯彻落实党中央、国务院关于保护和弘扬优秀传统文化的精神，加大传统村落保护力度，住房城乡建设部、文化部、国家文物局、财政部联合出台《关于切实加强中国传统村落保护的指导意见》（以下简称《意见》）。

主要目标是，通过中央、地方、村民和社会的共同努力，用3年时间，使列入中国传统村落名录的村落文化遗产得到基本保护，具备基本的生产生活条件、基本的防灾安全保障、基本的保护管理机制，逐步增强传统村落保护发展的综合能力。

主要任务是，保护文化遗产、改善基础设施和公共环境、合理利用文化遗产、建立保护管理机制。

基本要求是，保持传统村落的完整性、保持传统村落的真实性、保持传统村落的延续性。

保护措施是，完善名录、制定保护发展规划、加强建设管理、加大资金投入、做好技术指导。

《意见》要求，四部局按照职责分工共同开展传统村落保护工作，要建立中国传统村落保护管理信息系统，组织保护工作的年度检查和不定期抽查，认定不再符合中国传统村落入选条件的予以除名并进行通报。《意见》还规定了中央补助资金申请、核定与拨付。各地要按照资金原支持方向使用资金，将中央补助资金用好用实出成效。

（七）扶持戏曲传承发展

2015年7月，国务院办公厅印发了《关于支持戏曲传承发展的若干政策》；2017年1月，中共中央办公厅、国务院办公厅印发了《关于实施中华优秀传统文化传承发展工程的意见》；2017年6月中宣部、文化部、教育部、财政部又联合发布了《关于新形势下加强戏曲教育工作的意见》。这三个文件相互贯通、相辅相成，既有中华优秀传统文化传承发展的顶层设计，也有戏曲传承发展的具体政策，具有很强的针对性和可操作性，具有空前的力度。

《关于新形势下加强戏曲教育工作的意见》提出了力争在"十三五"期间，基本建立主要剧种与院校戏曲专业相对应、戏曲人才需求和戏曲教育培养相平衡、职前教育和职后教育相衔接、学校教育与戏曲艺术表演团体传习相结合的戏曲人才培养体系，健全戏曲专业优秀后备人才早期发现、选拔和培养机制及戏曲教育质量评估督查制度，着力支持基层戏曲院团发展，加强地方戏人才培养，推动形成符合戏曲艺术人才培育规律、适应戏曲行业发展需要的戏曲教育新模式，为戏曲传承发展提供有力的人才支撑。

（八）推进中国传统工艺振兴

2017年3月12日，国务院办公厅转发文化部、工业和信息化部、财政部《中国传统工艺振兴计划》（以下简称《计划》），响应党的十八届五中全会提出"构建中华优秀传统文化传承体系，加强文化遗产保护，振兴传统工艺"的号召。《计划》所称的传统工艺，是指具有历史传承和民族或地域特色、与日常生活联系紧密、主要使用手工劳动的制作工艺及相关产品，是创造性的手工劳动和因材施艺的个性化制作，具有工业化生产不能替代的特性，如：剪纸、皮影、漆器、景泰蓝、风筝等都属于传统工艺。

《计划》提出，到2020年，传统工艺行业的管理水平和市场竞争力有明显提升。计划对于振兴传统工艺提出了10项任务：建立国家传统工艺振兴目录；扩大非物质文化遗产传承人队伍；将传统工艺作为中国非物质文化遗产传承人群研修研习培训计划实施重点；加强传统工艺相关学科专业建设和理论、技术研究；提高传统工艺产品的设计、制作水平和整体品质；拓宽传统工艺产品的推介、展示、销售渠道；加强行业组织建设；加强文化生态环境的整体保护；促进社会普及教育；开展国际交流与合作。

（九）健全中华优秀传统文化教育体系

党的十八届三中全会强调要完善中华优秀传统文化教育，习近平总书记就中华优秀文化的传承与弘扬多次作出重要指示。2014年，教育部印发了《完善中华优秀传统文化教育指导纲要》，对全国各学校开展传统文化教育作出指导和部署；明确指出今后中国将把中华优秀传统文化教育系统融入课程和教材体系，增加中华优秀传统文化内容在中考、高考升学考试中的比重。这是第一次对中华优秀传统文化教育作出系统部署。

中华优秀传统文化教育的主要内容是，以弘扬爱国主义精神为核心，从爱国、处世、修身三个层次概括凝练中华优秀传统文化教育的主要内容。一是开展以天下兴亡，匹夫有责为重点的家国情怀教育。引导青少年学生深刻认识中国梦是每个人的梦，以祖国的繁荣为最大的光荣，以国家的衰落为最大的耻辱，增强国家认同，培养爱国情感，树立民族自信，形成为实现中华民族伟大复兴的中国梦而不懈努力的共同理想追求。二是开展以仁爱共济、立己达人为重点的社会关爱教育。引导青少年学生正确处理个人与他人、个人与社会、个人与自然的关系，学会心存善念、理解他人、尊老爱幼、扶残济困、关心社会、尊重自然，培育集体主义精神和生态文明意识，形成乐于奉献、热心公益慈善的良好风尚。三是开展以正心笃志、崇德弘毅为重点的人格修养教育。引导青少年学生明辨是非、遵纪守法、坚韧豁达、奋发向上，自觉弘扬中华民族优秀道德思想，形成良好的道德品质和行为习惯。通过家国情怀、社会关爱和人格修养三个层面的教育，培养青少年学生做有自信、懂自尊、能自强，高素养、讲文明、有爱心，知荣辱、守诚信、敢创新的中国人。

各学段开展中华优秀传统文化教育的目标和主要任务是，在小学低年级，以培育亲切感为重点，开展启蒙教育，培养热爱中华优秀传统文化的感情。在小学高年级，以提高感受力为重点，开展认知教育，引导学生感受中华优秀传统文化的丰富多彩。在初中阶段，以增强理解力为重点，提高对中华优秀传统文化的认同度，引导学生认识我国统一的多民族国家的文化传统和基本国情。在高中阶段，以增强理性认识为重点，引导学生感悟精神内涵，增强对中华优秀传统文化的自信心。在大学阶段，以提高自主学习和探究能力为重点，培养文化创新意识，增强传承弘扬中华优秀传统文化的责任感和使命感。在各学段的教学要点和教学任务中，力求做到三个"全覆盖"：一是学科课程全覆盖，将教育内容体现到德育、语文、历史、体育、艺术等主要课程中去。二是教学环节全覆盖，包括课堂教学、课堂外教学、家庭教育和社会教育。三是教育人群全覆盖，从小学一直到大学，整体贯穿中华优秀传统文化教育。

同时还需要注意的是，2014年是孔子诞辰2565周年，全国各地掀起弘扬中华优秀传统文化的新热潮。2014年9月，国际儒学联合会与联合国教科文组织、中国孔子基金会共同举办纪念孔子诞辰2565周年国际学术研讨会系列活动，习近平总书记出席了国际学术研讨会开幕式并就弘扬中华优秀传统文化问题发表重要讲话。各地、各单位以及相关行业纷纷结合自身特点就弘扬优秀传统文化采取了切实措施。比如，山东省采取图书馆加书院的模式建设尼山书院，在社区和乡镇推广社区儒学和乡村儒学。广播电视行业，《中国汉字听写大会》《中国成语大会》《中国谜语大会》《汉字英雄》《成语英雄》《最爱中国字》《中华好诗词》等弘扬中华优秀传统文化的电视节目，成为各大卫视上的一道亮丽风景。此外，各地陆续启动了培育新乡贤的活动，发展乡贤文化成为地方弘扬和利用中华优秀传统文化的重要抓手。

表5　十八大以来弘扬中华优秀传统文化类政策一览表

时间	发布机关	文件名称
2013.1	文化部	关于印发《文化部"十二五"时期公共文化服务体系建设实施纲要》的通知
2013.1	文化部	关于印发《全国文化信息资源共享工程"十二五"规划纲要》的通知
2013.2	国务院	关于同意将江苏省台州市列为国家历史文化名城的批复
2013.5	国务院	关于同意将云南省会泽县列为国家历史文化名城的批复
2013.5	文化部办公厅	关于组织开展非物质文化遗产档案摸底调查的通知
2013.7	国务院	关于同意将山东省烟台市列为国家历史文化名城的批复
2013.8	文化部	关于扶持全国曲艺、木偶戏及皮影戏优秀剧（节）目的通知
2013.11	国务院	关于同意将山东省青州市列为国家历史文化名城的批复
2014.2	文化部	"全国地方戏创作演出重点院团"评审结果公示
2014.5	文化部	关于公布第二批国家级非物质文化遗产生产性保护示范基地名单的通知
2014.7	国务院	关于同意将浙江省湖州市列为国家历史文化名城的批复
2014.8	国务院	国务院关于同意将黑龙江省齐齐哈尔市列为国家历史文化名城的批复
2014.11	国务院	国务院关于公布第四批国家级非物质文化遗产代表性项目名录的通知

续表

时间	发布机关	文件名称
2015.4	文化部办公厅	关于公示第四批国家级非物质文化遗产代表性项目保护单位的公告
2015.6	国务院	关于同意将江苏省常州市列为国家历史文化名城的批复
2015.6	住建部、文化部、国家文物局、财政部、国土资源部、农业部、国家旅游局	关于做好2015年中国传统村落保护工作的通知
2015.7	住建部、国土部、公安部	关于坚决制止异地迁建传统建筑和依法打击盗卖构建行为的紧急通知
2015.7	国务院办公厅	关于支持戏曲传承发展若干政策的通知
2015.8	国务院	关于同意将江西省瑞金市列为国家历史文化名城的批复
2015.10	国务院	关于同意将广东省惠州市列为国家历史文化名城的批复
2015.11	国务院办公厅、教育部办公厅	关于实施中国非物质文化遗产传承人群研修研习培训计划的通知
2016.3	国务院	国务院关于进一步加强文物工作的指导意见
2016.4	国务院	关于同意将浙江省温州市列为国家历史文化名城的批复
2016.5	国务院办公厅	转发文化部等部门关于推动文化文物单位文化创意产品开发若干意见的通知
2016.6	文化部办公厅	关于开展非物质文化遗产法贯彻落实情况检查工作的通知
2016.7	国家文物局	关于加强革命文物工作的通知
2016.8	文化部办公厅	关于举办全国梆子声腔优秀剧目展演的通知
2016.10	国家文物局	关于促进文物合理利用的若干意见
2016.11	国家文物局	大遗址保护"十三五"专项计划

续表

时间	发布机关	文件名称
2016.12	科技部、文化部、国家文物局	国家"十三五"文化遗产保护与公共文化服务科技创新规划
2016.12	国务院	关于同意将湖南省永州市列为国家历史文化名城的批复
2016.12	国家文物局、国家发展和改革委员会、科学技术部、工业和信息化部、财政部	"互联网+中华文明"三年行动计划
2017.2	国家文物局	国家文物事业发展"十三五"规划
2017.3	国务院	关于转发文化部等部门中国传统工艺振兴计划的通知
2017.4	中共中央宣传部、文化部财政部	关于印发《关于戏曲进乡村的实施方案》的通知
2017.4	文化部办公厅	关于举办第二届中国民族器乐民间乐种组合展演的通知
2017.4	文化部办公厅	关于开展2017年"文化和自然遗产日"非物质文化遗产宣传展示活动的通知
2017.5	中宣部文化部、教育部、财政部	关于新形势下加强戏曲教育工作的意见
2017.5	中宣部办公厅、文化部办公厅	关于举办2017年全国基层院团戏曲会演的通知

第四章
党的十八大以来文化发展的新成就

党的十八大以来，党中央、国务院高度重视文化建设。习近平总书记就坚定文化自信、建设社会主义文化强国发表一系列重要讲话，深刻阐明了文化建设一系列战略性全局性根本性的重大问题，为文化发展改革指明了前进方向，提供了根本遵循。党和国家采取了一系列推动文化发展改革的重大举措。广大文化工作者坚定文化自信、把握正确导向、聚焦发展主题、锐意改革创新，攻坚克难，持续推进社会主义文化强国建设，进一步开创了文化繁荣发展的生动景象。

一、文化体制机制改革搭建起"四梁八柱"

（一）形成了文化建设的最新理论成果

在推进治国理政进程中，习近平总书记高度重视文化建设，将其纳入"五位一体"总体布局和"四个全面"战略布局进行部署，围绕文化强国战略提出了一系列具有重要意义的新理念新思想新战略，主要包括培育社会主义核心价值观、弘扬中华优秀传统文化、发展社会主义文艺、加快建构中国特色哲学社会科学体系、建设网络强国、深化文化体制改革、提高国家文化软实力、把握意识形态工作的领导权管理权话语权，等等。这为新时期文化改革发展提供了根本遵循和基本的方法论指导。

（二）形成了更加科学的文化建设治理框架

1.形成了更加科学的制度体系

党的十八大以来对深化文化体制改革作出部署。出台了宏观、中观和微观相结合的系统的改革文件，细化了改革的路线图、时间表、任务书，搭建起文化制度体系的"梁"和"柱"，在文化建设各方面都形成了宏观规划与具体措施相结合的局面。

在体制改革方面，制定了《深化文化体制改革实施方案》，编制《国家"十三五"时期文化发展改革规划纲要》；在文艺创作方面，出台了《中共中央关于繁荣发展社会主义文艺的意见》《"十三五"时期繁荣群众文艺发展规划》《"十三五"时期艺术创作规划》等文件；在公共文化服务体系建设方面，印发了《关于加快构建现代公共文化服务体系的意见》；在文化产业方面，《关于推动国有文化企业把社会效益放在首位、实现社会效益和经济效益相统一的指导意见》《文化创意和设计服务及相关产业融合发展促进相关若干意见》《关于推动传统媒体和新兴媒体融合发展的指导意见》《关于深入推进文化金融合作的意见》《关于推动特色文化产业发展的指导意见》《关于大力支持小微文化企业发展的实施意见》《关于印发促进消费带动转型升级行动方案的通知》等；在弘扬中华优秀传统文化方面，发布《国家文物事业发展"十三五"规划》《关于进一步加强文物工作的指导意见》《"互联网+中华文明"三年行动计划》《中医药发展战略规划纲要（2016—2030年）》《关于切实加强中国传统村落保护的指导意见》《关于实施中华优秀传统文化传承发展工程的意见》《中国传统工艺振兴计划》《完善中华优秀传统文化教育指导纲要》等。

2.形成了更加全面的法治框架

目前国家层面文化领域的法律法规数量不断增多。据不完全统计，现有《文物保护法》《非物质文化遗产法》《著作权法》《公共文化服务保障法》《电影产业促进法》等5部，行政法规有《互联网上网服务营业场所管理条例》《文物保护法实施条例》《博物馆条例》等10多部。

3.形成了更加高效的落实机制

文化体制改革之初，成立了中央文化体制改革和发展工作领导小组，中宣部文化体制改革和发展办公室实际承担领导小组办公室职责；中央文化、广电、新闻出版部门分设各自的文化体制改革领导小组，并在有关司局设立领导小组办公室，在领导体制、工作机制上提供了组织制度保障。十八大以后，成立中央全面深化改革领导小组，下面专门分设文化体制改革专项小组，专职负责协调文化体制改革重点工作。

（三）形成了文化自信日益增强的生动局面

大力推进马克思主义理论研究，彰显时代性和实践性，深化以习近平同志为核心的党中央治国理政新理念新思想新战略的研究阐释，推出了一批优秀成果，丰富了中国特色社会主义文化理论。坚持以人民为中心的创作导向，文艺界面貌焕然一新。坚持经济效益和社会效益相统一，文化产业实现跨越式发展。不断加强对传统文化的保护和研究，努力构建中华优秀传统文化传承体系，推动传统文化创造性转化和创新性发展，有力传承和弘扬了我国优秀传统文化。广泛开展爱国主义、革命传统、法制、诚信等主题教育，持续开展公民道德建设工程、精神文明创建工程和专项行动，努力营造全民参与核心价值观体系建设的良好环境，不断增强人民群众的核心价值观意识。文化改革的逐步深入让人民群众获得感显著提升，从家门口的服务，到网络上的便捷，公共文化服务正把阳光照射到每一个群众身边；从图书电影电视剧等文化产品的增数量、提质量，到文化企业的欣欣向荣、茁壮成长，文化产业的繁荣让老百姓在文化消费中得到的实惠也越来越多；从志愿服务的日渐流行，到诚信体系的日益健全，精神文明建设的进步让社会氛围愈加健康清朗……在"一带一路"倡议的带动下，中华文化的国际影响力日益增强。文化自信已深入人心，引起全社会的共鸣，并形成推动实现"两个一百年"目标的强大精神力量。

二、文艺领域风气一新开创新局面

在习近平总书记文艺工作座谈会和中国文联十大、中国作协九大开幕式重要讲话精神指引下，广大文艺工作者的创造活力不断迸发，创作力度明显加大，我国文艺呈现出繁荣发展的生动景象。

（一）支持力度空前

国家对文艺创作的保护和支持力度逐渐加大。文艺工作座谈会后，国家加快出台更加健全的法律法规，制定更加有效的方针政策，采取更加有力的保护措施支持积极健康的文艺创作。可以说十八大以来，我们出台的对文艺工作政策支持力度是空前的。

（二）不良风气扭转

一是低俗媚俗文艺作品得到遏制。"以人民为中心"的创作导向越来越成为文艺界的共识。文艺环境趋于健康，"明规矩"走高，"潜规则"减少。二是大批作家艺术家深入生活、扎根人民，其丰富性、深入性、持续性近年少有。三是天价片酬降温，文艺市场逐渐回归理性和平衡。四是文艺工作者不仅注重艺术水准的提高，更关注自身高尚品德和健康情趣的养成，注重以严谨的职业操守树立良好社会形象。五是文艺作品急功近利、粗制滥造的现象开始得到扭转。秉持"慢工出细活""十年磨一剑"精品意识的文艺作品更多地受到关注和好评。六是大力改革文艺评奖制度。全面清理整顿文艺评奖，取消了一批、精简压缩了一批，总体减少了60%以上。同时，严格评奖标准，规范评奖程序，严肃评奖纪律，杜绝不正之风。七是大力扭转文艺评论风气，对各种不良艺术作品、现象、思潮敢于表明态度，在大是大非问题上敢于表明立场，"让人民满意"越来越成为文艺作品的评价标准。

（三）精品力作涌现

国家舞台艺术精品创作扶持工程、重大题材美术创作工程等发挥了导向示范作用，广大文艺工作者聚焦"中国梦"和社会主义核心价值观开展主题创作，推出了一批有筋骨有道德有温度的优秀作品，主旋律更响亮。继续实施电影、电视剧、动画片、纪录片和图书出版物"五个一百部"重点创作规划，推出了《中国共产党的九十年》《筑梦路上》《湄公河行动》《海棠依旧》等一大批优秀图书、电影、电视剧、纪录片和动画片，涌现了《中国诗词大会》等一大批优秀原创节目。实施"中国文艺原创精品出版工程"，推出了《火印》等一批反映时代主流的原创精品。

三、现代公共文化服务体系均衡发展

（一）形成了公共文化服务体系建设的基本思路

2015年1月，中共中央办公厅、国务院办公厅印发《关于加快构建现代公共文化服务体系的意见》（以下简称《意见》），对加快构建现代公共文化服务体系，推进基本公共文化服务标准化均等化，保障人民群众基本文化权益作了全面部署。

《意见》的指导思想：以邓小平理论、"三个代表"重要思想、科学发展观为指导，贯彻落实党的十八大和

十八届三中、四中全会精神，贯彻落实习近平总书记系列重要讲话精神，按照全面建成小康社会的总体要求，牢固树立以人民为中心的工作导向，以改革创新为动力，以基层为重点，构建体现时代发展趋势、适应社会主义初级阶段基本国情和市场经济要求、符合文化发展规律、具有中国特色的现代公共文化服务体系，促进基本公共文化服务标准化、均等化，推动社会主义文化大发展大繁荣，提高全民族文化素质，增强民族凝聚力，为实现中华民族伟大复兴的中国梦提供强大的精神动力和文化支撑。

《意见》的主要目标：到2020年，基本建成覆盖城乡、便捷高效、保基本、促公平的现代公共文化服务体系。公共文化设施网络全面覆盖、互联互通，公共文化服务的内容和手段更加丰富，服务质量显著提升，公共文化管理、运行和保障机制进一步完善，政府、市场、社会共同参与公共文化服务体系建设的格局逐步形成，人民群众基本文化权益得到更好保障，基本公共文化服务均等化水平稳步提高。

《意见》的基本原则：一是坚持正确导向。以人民为中心，以社会主义核心价值观为引领，发展先进文化，创新传统文化，扶持通俗文化，引导流行文化，改造落后文化，抵制有害文化，巩固基层文化阵地，促进在全社会形成积极向上的精神追求和健康文明的生活方式。二是坚持政府主导。从基本国情出发，认真研究人民群众的精神文化需求，因地制宜，科学规划，分类指导，按照一定标准推动实现基本公共文化服务均等化，切实保障人民群众基本文化权益，促进实现社会公平。三是坚持社会参与。

简政放权，减少行政审批项目，引入市场机制，激发各类社会主体参与公共文化服务的积极性，提供多样化的产品和服务，增强发展活力，积极培育和引导群众文化消费需求。四是坚持共建共享。加强统筹管理，建立协同机制，明确责任，优化配置各方资源，做到物尽其用、人尽其才，发挥整体优势，提升综合效益，坚持改革创新，加快转变政府职能，完善管理体制机制，创新公共文化服务内容和形式，促进文化与科技深度融合，推动文化事业和文化产业协调发展。

（二）初步建成了公共文化服务网络

这个网络包括国家级、省级、地市级、县级、乡级、村级和城市社区六级网络。分三大类：一是让群众走进来享受的公共文化服务，比如博物馆、图书馆、美术馆、科技馆、文化宫等，让群众走进来，免费开放，保证群众的读书权、鉴赏权、参与权等。二是让群众坐在家里享受的公共文化服务，比如广播电视，农村的广播电视村村通、户户通。三是活跃群众文化生活的公共文化服务，主要是把群众组织起来，指导群众文化活动，组织文化活动的一些文化机构。主要体现在县的文化馆、乡镇文化站。

（三）公共文化投入加大、结构优化

以政府为主导，以公共财政为支撑，把公共文化产品和服务项目、公益性文化活动纳入公共财政经常性支出预算是公共文化服务体系建设的重要原则。十八大以来，各地区高度重视公共文化服务建设，地方一般公共预算文化体育与传媒支出持续增加，中部地区增幅居于首位。

2016年，我国地方一般公共预算文化体育与传媒支出2917亿元，比2012年增长40.6%。其中：东部地区1273亿元，增长46.0%；中部地区576亿元，增长58.7%；西部地区857亿元，增长28.8%；东北地区210亿元，增长20.8%。

文化投资逐渐向中西部倾斜，地区分布更趋合理，区域投资差距呈现出逐步缩小的趋势。文化产业固定资产投资中，中西部尤其是西部地区占比提高较快，2016年西部地区文化产业固定资产投资所占比重达25.1%，比2012年提高8.6个百分点；中部地区为29.6%，比2012年提高3.5个百分点。

（四）公共文化设施日益完善

十八大以来，各级政府切实履行了在文化领域的公共服务职能，不断加强现代公共文化服务体系建设，着力补齐文化民生短板，努力保障人民群众基本文化权益，初步建立起了覆盖城乡的公共文化服务体系。"三馆一站"（文化馆、图书馆、博物馆、镇综合文化站）公共文化服务设施全部免费开放，基本实现了"县有公共图书馆、文化馆，乡有综合文化站"的建设目标；深入实施广播电视村村通、文化信息资源共享、农家书屋等重大文化惠民工程，公共文化服务能力和普惠水平不断提高。

基本公共文化设施逐渐完善。2016年，全国共有群众文化机构44497个，比2012年增加621个，增长1.4%；公共图书馆3153个，比2012年增加77个，增长2.5%；博物馆4109个，比2012年增加1040个，增长33.9%；文物保护管理机构3318个，比2012年增加613个，增长22.7%。

　　广播电视覆盖面持续扩大。截至2016年底，全国广播综合人口覆盖率为98.4%，比2012年提高0.9个百分点；全国电视综合人口覆盖率98.9%，比2012年提高0.7个百分点。2016年，全国有线电视实际用户达2.3亿户，比2012年增加1321万户，增长6.1%。其中，数字电视实际用户2.0亿户，比2012年增加5854万户，增长40.9%，年平均增速9.0%，远高于有线电视实际用户1.5%的增速；数字电视实际用户占有线电视实际用户的比重已达88.3%，比2012年提高21.8个百分点。

　　出版事业蓬勃发展。2016年，全国图书总印数90.4亿册（张）、电子出版物出版数量28839万张，分别比2012年增长14.0%和9.5%。2016年我国成年国民各媒介综合阅读率为79.9%，较2012年提升3.6个百分点；我国成年国民人均图书阅读量为7.86本，较2012年增加1.12本。

　　（五）农村公共文化服务能力大大增强

　　实施五大工程。一是实施农村广播电视村村通、户户通工程，广播电视覆盖率已达98%；二是实施乡镇综合文化站工程，全国4万个乡镇都有了文化站；三是实施农村电影放映工程，保证农民每个月能免费看到一场电影；四是实施农家书屋工程，每个村都配有农村书屋，这些图书定期更换，全国已有60多万个农家书屋。五是实施农村数字文化工程，通过互联网将文化信息送到村一级，在村里就可以享受到网上的文化服务。

　　（六）居民文化消费水平城乡差距逐步缩小

　　随着新型城镇化的推进尤其是城乡一体化进程的加

快，我国城乡居民收入和消费支出不断提高，城乡居民在
文化消费上的差距逐步缩小。

分城乡看，2016年城镇居民人均文化娱乐消费支出
1269元，比2013年增长34.2%，年均增速10.3%，比同期城
镇居民人均消费支出年均增速高2.6个百分点；占城镇居民
人均消费支出5.5%，比2013年5.1%的水平提高0.4个百分
点。农村居民人均文化娱乐消费支出252元，比2013年增长
44.0%，年均增速12.9%，比同期农村居民人均消费支出年
均增速高2.3个百分点；占农村居民人均消费支出2.5%，比
2013年2.3%的水平提高0.2个百分点。由于农村居民文化娱
乐消费支出的增速高于城镇居民，城乡居民文化娱乐消费
支出之比由2013年的5.4：1，降低到2016年的5.0：1。

四、文化产业实现跨越式发展

（一）在"三个结合"发展思路指引下成绩显著

一是与创新型国家战略相结合，推动文化产业转型升
级，解决现在文化产业规模小、水平低、创新能力不强的
问题。特别是要打造文化航空母舰企业。

二是与互联网的快速发展相结合，文化产业插上了
"互联网+"的翅膀。大力推进互联网+科技、互联网+旅
游、互联网+艺术、互联网+体育、互联网+城市文化、互
联网+设计+制造业、互联网+广告+品牌构建、互联网+电
影电视、互联网+相关行业等之间的跨界融合，展开边界
作业，拆除行业壁垒、部门壁垒、地域壁垒、所有制壁
垒，开创互联网+文化发展的新格局。从全局来看，各省

市之间已经形成关于大数据发展的竞争新格局。比如，2014年2月，贵州省政府印发《关于加快大数据产业发展应用若干政策的意见》，明确从2014年起连续3年，省和贵阳市、贵安新区每年各安排不少于1亿元资金，用于支持大数据产业发展及应用。到2017年底，贵州将形成1—2个大数据产业示范园区，引进和培育30户大数据龙头企业，聚集500户创新型大数据相关企业，通过大数据带动相关产业规模达3000亿元，引进大数据领军人才100名，引进和培养高端人才5000名。而在2012到2013年，重庆、上海、陕西、广东、天津等省市已经率先投入大数据产业全区的建设工作，在产业布局上形成区域特色、网状覆盖，多省联动的大数据产业网。

三是与"一带一路"倡议相结合，推动中华文化走出去。2017年5月14日至15日，2017"一带一路"国际合作高峰论坛在北京胜利召开，这为文化产业的开拓融合提供了更加宽阔的道路。

（二）文化产业增长快，整体竞争力明显提高

十八大以来，党中央、国务院以及有关部门进一步加大了文化产业政策的扶持力度，制定出台了一系列针对性强、含金量高的政策措施，明确了政策导向，优化了产业环境，有效推进了文化领域供给侧结构性改革。我国文化产业实现较快增长，文化产业规模不断壮大，整体竞争力明显提高。产业结构不断优化，文化服务业成为推动文化产业发展的主体力量，文化产业对国民经济增长的贡献逐年增大。

　　初步测算，2016年我国文化产业实现增加值30254亿元，比2012年增长67.4%，年均增速13.7%（未扣除价格因素影响，下同），比同期GDP现价增速高5.4个百分点，文化产业呈现出快速增长的态势。

　　分产业类型看，2015年文化服务业实现增加值13640亿元，比2013年增长32.3%，年均增速15.0%，占文化产业增加值的比重为50.1%，比2013年增加3个百分点。文化制造业增加值11053亿元，比2013年增长17.4%，年均增速8.3%，占比为40.6%。文化批发零售业增加值2542亿元，增长18.5%，年均增速8.8%，占比为9.3%。文化服务业快速增长，已成为推动文化产业发展的主体力量，文化产业结构进一步优化和升级。

　　从对国民经济增长的贡献看，文化产业增加值占GDP的比重由2012年的3.48%提高到2016年的4.07%，增加了0.6个百分点，占比呈逐年提高的态势，对GDP增量的贡献年平均达到6.0%，表明文化产业对推动国民经济保持中高速发展正发挥越来越重要的作用。同时，文化产业因资源消耗低、环境污染少、科技含量高，具有低碳经济、绿色经济的特点，为国民经济转型升级和提质增效提供了有力支撑。

　　（三）实施创新驱动，重点行业"全面开花"

　　经济进入新常态的背景下，文化领域实施创新驱动发展战略，各重点行业全面协调发展，在稳增长、调结构中发挥了积极作用。

　　2016年，我国广播电视服务业总收入5030亿元，较

2012年增加1761亿元。动画电视制作15万小时，电视纪录片制作5万小时，电视剧累计播出689万集。

2016年，全国电影银幕数41179块，较2012年增长213.91%，居世界第一位；总票房492.83亿元，较2012年增长188.64%，国产影片市场份额达58.3%；电影海外票房收入38.25亿元，是2012年的3.6倍。

2016年，全国出版、印刷和发行服务行业营收总值为2.36万亿元，出版图书49.6万种，国民综合阅读率达79.9%。资产总额超百亿的出版传媒集团达17家，较2012年增加42%。数字出版营业收入5720亿元，近五年年均增长速度越过30%。

在体量增大的同时，文化产业质量效益也持续提升，初步构建起结构合理、门类齐全、科技含量高、富有创意、竞争力强的现代文化产业体系。全国"文化企业30强"已推荐认定九届，一批文化"航母"和特色中小微企业破冰起航。

（四）文化市场更加规范有序

1.文化市场综合执法改革成功完成，文化市场监管引导能力明显提升

文化市场执法队伍逐步统一，执法力量显著增强。一是北京、上海、重庆等地省级执法机构由原来的处级上升为副厅级，其他绝大部分执法机构级别上升一个档次，更有利于与相关部门的协作，更方便开展综合执法工作。二是直辖市、副省级及副省级以下城市均组建了综合执法机构，共计3017个，执法人员编制32924名，在编执法人员27191人，增

强了执法队伍的实力，执法人员的总数增加。三是执法重心下移，基层执法力量得到保障。例如，宁波、深圳、东莞等市在镇一级建立了文化市场行政执法分队，作为上级执法部门的派出机构，强化了对基层文化市场的监管。

2.文化市场管理体制逐渐理顺，管理职责不断强化

一是加强了地方党委和政府对文化市场管理工作的统一组织领导，100%的省（区、市）和92.8%的地市、75.9%的县区组建了文化市场管理工作领导小组，发挥了"统一协调"与"指导监督"的职能。二是相对明确了综合执法机构与各行政管理部门之间的关系，划分了不同层级综合执法机构之间的职责，文化市场执法长效机制初步建立。三是健全了科学有效的行政管理体制，86.4%的地市和93.8%的县（区）完成了综合文化责任主体组建，管理职能进一步完善。四是执法范围和重点进一步明晰，相对集中行使文化（文物）、广播影视、新闻出版（版权）等领域共计575项执法权，并承担"扫黄""打非"有关工作任务，着重突出文化产品和服务的内容管理。

3.文化市场执法保障明显改善，执法结构逐步改善

一是明确经费保障，北京、上海、重庆、浙江、广东、湖北等地将综合执法经费全部纳入财政预算。二是强化队伍建设，全国30%以上的执法人员参照公务员管理，新进人员参照公务员录取方式进行考试选拔，执法队伍结构不断优化，执法人员素质明显提升。三是实现"五个统一"，全国范围内基本实现了统一执法标识、统一执法证件、统一执法装备、统一执法服装和统一执法文书等，树

立了良好的外部形象。

4.文化市场执法机制逐步完善，执法水平明显提高

一是各地逐步建立起包括法制研究、规范处罚程序、约束执法行为和加强办案监督等法制工作体系。二是健全管理规章，规范执法程序，初步形成了一套较为完善的执法制度。这些工作，进一步规范了执法行为，使综合执法队伍的依法行政能力和执法水平不断提高。

（五）文化产业投资主体多元化，投资规模持续扩大

十八大以来，在国家文化产业政策引导下，我国文化产业投资主体呈多元化格局，固定资产投资规模持续扩大，社会资本进入文化产业领域的步伐不断加快。

2016年，我国文化产业固定资产投资额[1]33713亿元，比2012年增长115.5%，年均增速21.2%，高于同期全社会固定资产投资年均增速8.8个百分点。文化产业固定资产投资占全社会固定资产投资的比重为5.7%，比2012年提高1.4个百分点。

在2016年文化产业固定资产投资实际到位资金中，国家预算资金所占比重为4.8%、国内贷款占8.0%、利用外资占0.5%、自筹资金占82.1%、其他资金占4.6%。与2012年相比，自筹资金所占比重提高1.5个百分点，国内贷款和其他资金所占比重提高0.1个百分点。

（六）文化骨干企业不断壮大，整体实力稳步提升

十八大以来，各地区和有关部门加强文化产业园区和

---

[1] 投资数据均不含农户。

基地规划建设，大力促进区域文化产业协调发展，推进资源整合、优化布局和结构调整，我国文化骨干企业①数量逐年增加，企业规模持续扩大，规模化、集约化、专业化水平进一步提升，增强了文化产业的发展动力，对文化产业发展的贡献不断提高。

2016年，全国共有文化骨干企业5.5万家，比2012年增长50.1%，年均增长10.7%；企业从业人员为872万人，比2012年增长24.6%，年均增长5.7%；实现营业收入94051亿元，比2012年增长67.2%，年均增长13.7%。这些骨干企业已经成为文化产业实现较快发展的主体力量，以2015年为例，文化骨干企业数仅占全部文化产业法人单位的4.3%，但实现增加值17796亿元，占文化产业增加值的比重达65.3%，比2013年提高0.5个百分点，有力地支撑了我国文化产业发展。

（七）"互联网＋文化"优势明显，文化新业态发展强劲

十八大以来，文化与国民经济相关产业加速融合发展，跨界融合已成为文化产业发展最突出的特点。文化产品和服务的生产、传播、消费的数字化、网络化进程加

①是规模以上文化制造业企业、限额以上文化批发零售业企业和规模以上文化服务业企业的总称，具体包括：年主营业务收入在2000万元及以上的文化制造业企业；年主营业务收入在2000万元及以上的文化批发企业或年主营业务收入在500万元及以上的文化零售企业；从业人数在50人及以上或年营业收入在1000万元及以上的文化服务业企业（其中文化和娱乐业的年营业收入在500万元及以上）。

快，基于互联网和移动互联网的新型文化业态成为文化产业发展的新动能和新增长点，"互联网+文化"优势明显，文化创意和设计服务业蓬勃发展。

分行业看，在文化产业的10个行业类别中，以"互联网+"为主要形式的文化信息传输服务业发展迅猛，2015年实现增加值2858亿元，比2013年增加1055亿元，年均增速为25.9%；占文化产业增加值的比重为10.5%，比2013年提高2.3个百分点。文化创意和设计服务业呈现蓬勃发展势头，2015年实现增加值4953亿元，比2013年增加1237亿元，年均增速为15.4%；所占比重为18.2%，比2013年提高1.2个百分点。从营业收入看，2016年全国规模以上文化信息传输服务业的营业收入为6053亿元，比上年增长33.4%，2017年一季度同比继续保持29.4%的高速增长，文化新业态发展势头强劲。

（八）充分激发市场活力，有力拉动文化发展

1.发展壮大文化市场主体

推动国有文化企业跨地区跨行业跨所有制兼并重组，加快培育实力、竞争力强的骨干文化企业。从2017年第九届"文化企业30强"整体情况看，规模实力、市场竞争力和盈利能力不断增强，主营收入3515亿元、净资产4318亿元、净利润381亿元，与2012年相比，分别增长了120%、155%、69%。大众创业、万众创新，专、精、特、新的小微文化企业"铺天盖地"。根据工商总局数据，截至2017年6月底，全国文化及相关产业企业数量超过322万户，同比增长22.4%，比全国企业数量平均增速高出

3.1个百分点。

2.深化文化投融资体制改革

推动文化资源与多层次资本市场有效对接，更好地发挥资本平台促进文化企业发展的乘数效应。截至2017年4月底，沪深两市文化上市公司达103家，约占A股上市公司总数的3.21%，形成特色鲜明的"文化板块"。全国中小企业股份转让系统启动以来，挂牌的文化企业有690家，约占新三板挂牌企业总数的6.2%。

3.培育文化产业发展新动能

对接"互联网+"战略，实施"文化+"行动，推动文化与科技、教育、信息、旅游、体育、建筑设计及相关制造业等深度融合。2016年，以"互联网+"为主要形式的文化信息传输服务业营业收入同比增长超过30%，全国备案上线的网络电影5556部，40家主要网络文学网站推出作品1454.8万种。

4.扩大和引导文化消费

支持大中城市建设文化娱乐综合体，支持艺术街区、特色书店和小剧场等建设，鼓励有条件的地方适当补贴居民文化消费。截至2017年6月，全国银幕总数达到4.5万块，已经超过美国和加拿大总和，跃居世界第一。

五、文化遗产保护传承力度空前加大

党的十八大强调要建设中华优秀传统文化传承体系，弘扬中华优秀传统文化。习近平总书记多次就保护弘扬中华优秀传统文化发表重要讲话，强调，要像爱惜自己的生命一样保护好文化遗产。要让收藏在博物馆里的文物、陈列在大地上的遗产、书写在古籍里的文字都活起来。

（一）文物事业实现快速发展

为加强文化遗产保护，开展了五项重点工作。一是摸清家底。我国现有不可移动文化遗产76.7万处，重点文物保护单位4200多处，可移动文物4000多万件，国家评定的珍贵文物有417万件，国家级非物质文化遗产项目1370多项。二是加快立法。文化遗产方面的法律有《文物保护法》《非物质文化遗产法》。三是加大文物保护力度。按照"保护为主、抢救第一，合理利用，加强管理"的方针，重点加强了防火、防盗、防破坏。四是千方百计让文物活起来。国家对博物馆、展览馆、美术馆、爱国主义教育基地实行免费开放。五是追讨流失海外的文物。

经过第三次全国文物普查，我国不可移动文物数量从20世纪80年代的20余万处增加至76.7万处，几乎翻了两番；世界遗产总数达到47项，位居世界第二，国家历史文化名城总数达到125座，中国历史文化名镇名村528个，中国历史文化街区30个；已核定公布的国家、省、市县级文物保护单位总数达12万余处，全国重点文物保护单位从改革开放前的180处增加到2013年的4296处；全国博物馆馆藏文物数量达到3840万件（套）。

近年来，文物保护经费投入大幅增加，尤其是党的十八大以来，中央财政文物保护资金投入年增幅40%以上，资金支持覆盖面进一步拓宽，为文物事业的发展壮大提供了强有力的资金保障。在中央财政的引导和带动下，各级地方财政也加大了投入，文物事业费增长显著。2006年至2014年，全国各级财政文物事业费年均增速达到20%以上。"十二五"开年与"十一五"开年相比，中央财政文物保护专项资金与地方政府文物投入资金分别增长8.28倍和3.34倍。2014年较"十二五"开年相比，中央财政文物保护专项资金与地方政府文物投入资金分别增长近70%和30%。

（二）非遗工作取得新成就

——完善非遗立法。随着《非物质文化遗产法》正式颁布施行，我国的非物质文化遗产保护工作进入全面依法保护的新阶段。2017年7月1日，《中医药法》施行，这是我国第一部全面系统体现中医药特点的综合性法律。近年来，各地方政府加快推动非遗立法，浙江、江苏、新疆、西藏、山西、河南等22个省（自治区、直辖市）颁布出台了本地区的非物质文化遗产保护条例或民族民间传统文化保护条例。

——构建保护体系。截至"十二五"末，国务院批准公布了4批共1372个国家级非物质文化遗产代表性项目。文化部命名了4批1986名国家级非遗项目代表性传承人。全国建立传习所、展示馆8720余所。

——提高保护传承水平。认定第四批国家级非遗代表性项目和代表性传承人，设立国家级文化生态保护实验区和生产性保护示范基地，实施非遗传承人群研修研习培训计划，提高传承能力、扩大传承队伍，完善非遗保护传承体系。制定实施中国传统工艺振兴计划，促进传统工艺在现代生活中得到新的广泛应用。文化遗产价值更加深入人心。世界文化遗产、大遗址、国家考古遗址公园、历史文化名城名镇名村、传统村落的保护进一步加强。传统节日、自然和文化遗产日等期间的文化遗产展示展演活动彰显魅力，成都国际非遗节、中国非遗博览会等展会广受关注，丝绸之路、花山岩画、珠算、二十四节气等项目申报世界遗产和人类非物质文化遗产名录连获成功，全社会保护文化遗产的自觉意识全面提升。

（三）文化遗产公共文化服务能力明显提升

1.与城乡建设相协调，积极为国家经济建设服务

近年来，很多省市在城镇化进程中开始探索将文物保护规划与城镇规划相衔接，注重规划先行，依法管理。如安徽省将"自然和历史文化遗产保护区范围"列为城镇总体规划的强制性内容，划定"紫线"，并将"涉及文物保护单位附近的建筑物、构筑物控制指标等"列入控制性详细规划。在城市总体规划、名城名镇名村及传统村落等规划编制和各类开发区建设、街区风貌整治过程中，事先征求文物主管部门意见，有效避免建设中对古建筑、古遗址、文物保护区环境风貌等的破坏。陕西省在西咸新区建设中，较好地处理新区建设与该区域内古迹遗址保护的关系，划定区内文物保护"紫线"，将大遗址、农田、绿地等作为分隔城市功能区的屏障，形成文化、生态、商业、旅游为一体的田园都市发展模式。重庆市文物局会同重庆市规划局将主城区365处文物保护单位信息纳入城市规划管理控规一张图和电子政务平台，实行文物保护与城市规划"一张图"管理，共同构建重庆市历史文化资源数据库，

将历史文化遗产保护系统化、信息化。这些地方的实践，有效探索了城市发展中的文物保护之路，对拉动经济发展、改善城市环境、形成城市特色、提升城市品位、营建城市文化发挥了积极作用。

配合国家重大基础设施建设，文物部门积极开展工作，及时抢救、保护珍贵文化遗产，有效确保了国家重点项目实施和地方经济建设发展。三峡工程中，有110家专业单位参加了考古和文物保护工作，实施保护项目1128项，完成了张桓侯庙搬迁保护工程、忠县石宝寨保护工程、重庆白鹤梁水下博物馆建设工程、屈原祠修建工程，发掘保护出土文物24万余件（套），有效保障了三峡工程的顺利推进。南水北调工程文物保护工作共搬迁地面文物47处，完成考古勘探1575万平方米，考古发掘168万平方米，其中新发现文物点74处，多个考古新发现被评为年度"全国重要考古新发现"。此外，在西气东输、高速铁路公路和水库建设项目，以及地方城市建设、新农村建设过程中开展的文物保护工作，有效保护了地方文物资源，在促进地区经济社会发展方面，发挥了重要作用。

各级文物保护单位和博物馆已经成为旅游业发展的重要资源依托，不仅带动了地方餐饮、购物和相关服务行业的发展，也促进了地方产业结构的调整，转变发展方式，走绿色、环保和生态的可持续发展道路。

2.与改善民生相衔接，丰富民众文化生活

为满足广大民众对文物博物馆日益迫切的文化消费需求，全国博物馆总数从改革开放之初的349家，发展到2014

年的4510家，其中，国有博物馆3528家（文化文物系统所属2798家，其他部门所属730家），非国有博物馆从无到有，到2014年已达982家，占全国博物馆总数的20%以上。2008年至2015年，中央财政投入博物馆免费开放的资金累计达222亿元，全国免费开放博物馆达到2780余家，每年接待观众由免费开放前的1.5亿人次，增加到目前的6.38亿人次。全国文物拍卖企业2014年达到414家，全国文物艺术品拍卖总成交额达307.6亿元，文物收藏爱好者逾千万。

近年来，文物保护单位和博物馆不断强化发挥社会教育和公共服务功能。开展了社会主义核心价值观主题展览征集工作，面向全国征集推介了13个主题鲜明、内容丰富、艺术特色突出的优秀展览，引导全国博物馆提升展览水平、盘活文物资源、扩大社会影响力。在教育部门的大力支持下，组织开展完善博物馆青少年教育功能试点工作，共有15个省（自治区、直辖市）150多家博物馆参与，挖掘、凝练出教育课程和体验项目1000余项，组织实施教育活动3000余场次，惠及中小学生134万余人，取得了丰硕的成果。博物馆普遍针对不同年龄阶段的青少年心理认知特点进行课程设计，设置体验式教育专区。内蒙古博物院主动走出馆舍，走进社区、走进校园、走进农牧区，通过流动博物院的形式，将展览、讲座和教育活动送到居民、学生和农牧民身边。北京市以文物保护利用服务于城市功能定位，积极配合重大活动，深入挖掘历史文化资源，推动文化中心建设。

西安汉长安城遗址区近年来完成了61处重点文物保护

展示工程，清理垃圾320万方，栽植树木5万余株，遗址区内近两万名群众生活得到很大改善。在大明宫考古遗址公园建设中，将遗产保护与棚户区改造有机结合，拆迁350万平方米棚户区，使10多万低收入群众告别了市政设施落后、环境脏乱差的居所，搬入宽敞明亮的新居，遗址公园内有群众健身娱乐场地和设施，实现了遗址保护与改善民生的双赢。大运河申遗过程中，沿线8个省市开展了运河沿线环境整治工作，大大改善了运河的环境和水质，沿岸的老百姓也得到了真实惠。大运河保护和申遗工程不仅成为国家重大文化工程，更日益成为重要的民生工程、发展工程和生态工程。

文物保护工程为当地民众提供了更多的就业机会。在开展西藏"十二五"重点文物保护工程时，在保证质量的前提下，尽量吸纳当地农牧民群众参与工程建设，解决农牧民群众就业问题，增加了农牧民群众现金收入。

各地将传统村落文物保护与民俗传承和教育结合起来，注重提高群众的幸福指数。福建省沧海畲族村通过保持传统村落原有生态，传承黑狮舞、米糠熏鸭等畲乡文化，推广沧海畲乡特色旅游，使传统村落重新焕发活力。江西省浮梁县政府将瑶里村落保护与革命文物保护、国防、党建、爱国主义教育等基地建设相结合，充分发挥传统村落在进行爱国主义、革命传统教育和党的群众路线教育中的作用。有6家国家考古遗址公园设置了免费开放区或低价园区，总面积达到8.97平方公里，为所在地民众提供了健身和文化休闲场地。

3.鼓励和支持社会力量参与，形成全社会建设合力

近年来，部分地方积极探索鼓励和支持社会力量参与文物保护和利用的方式，取得了有益的经验。2002年以来，江苏省苏州市制定了《苏州市古建筑保护条例》等一系列法规和政策文件，鼓励社会力量和民间资本参与文物保护利用，对18个社会参与的古建本体修缮项目以奖代补，以653.6万元带动社会投资近7000万元；通过产权转让、使用权转让等方式，为23个文物保护利用项目吸引社会投入4.26亿元，使其保护状况、开放利用程度均得到明显改善。2003年以来，浙江省政府先后出台《关于进一步加强文物工作的实施意见》《关于进一步加强文化遗产保护的意见》，鼓励社会资金以捐助和投资等多种形式参与文物保护，一些地方通过政府、社会、个人按比例出资修缮文物保护单位，取得了比较好的效果。2009年以来，安徽省黄山市出台《黄山市古民居认领保护利用暂行办法》等一批规范性文件，以政府文物保护专项资金为引导，通过认租、认养、认购的方式，筹措资金60.39亿元，使101个古村落和1325幢古民居得以妥善维修，有效利用。2010年，山西省曲沃县人大常委会出台《曲沃县古建筑认领保护暂行办法》，规定企业可以参与古建筑认领保护，认领人承担古建筑维修、保护费用，并享有相应收益。2011年，广东省开平市政府出台《开平碉楼认养工作意见》，对碉楼认养的范围、方式、条件、年限、程序与资金使用，认养者的权利和义务等作了明确规定，并与21座碉楼确定认养者签订了认养协议。

近年来，文物保护志愿服务活动在各地蓬勃开展，基

层群众组织、文物保护员、文保志愿者已经成为扩大社会参与的重要方式。河北省有近30个县区建立了较完善的义务文物保护员制度，全省文物保护员约3800人；甘肃省有文物保护员近7200人，河南、陕西等省文物保护员均已超过5000人。浙江省给每一位业余文保员统一颁发浙江省业余文物保护员证，实现持证上岗；山东、湖北、山西、西藏等省区还将文物保护员补助经费纳入财政预算。这些文物保护员在开展文物安全巡查、提供文物案件线索、协助执法、维修文物等方面发挥了积极的作用。浙江省松阳县在保护复兴传统村落中积极利用社会资源，积累了五条好经验，即负责任政府的有效推动、社会优秀人才的乡村回归和深度参与、专业团队的科学规划设计和教练式指导培训、村民积极性和创造性的有效激发、鼓励城乡合理流动和恰当的利益分配机制。

六、文化的对内凝聚力和对外影响力有效增强

（一）社会主义核心价值观得到有效培育和建设

十八大以来，党和政府找准社会主义核心价值观与人们思想的共鸣点、与群众利益的交汇点，在细、小、实上下足功夫，社会主义核心价值观才会如春风化雨，化作人民的自觉遵循。经过多年的教育引导、舆论宣传、文化熏陶、实践养成，社会主义核心价值观逐渐成为凝心聚力的社会新风尚。

——发挥榜样的力量，以身边人教育身边人，让社会主义核心价值观近在眼前。一个个重大典型、道德楷模、

最美人物、身边好人，有报效祖国、勇于奉献、不畏艰险、不怕牺牲的赤子情怀，有助人为乐、见义勇为、敬业奉献、孝老爱亲的凡人义举，树立起新时代中国人的高贵品格。向英模致敬，向好人学习，崇德向善的热潮扑面而来。

——灵活运用各种平台，寻求与人们心灵的契合点，让社会主义核心价值观触手可及。社会主义核心价值观在制度建设和治理实践中，在市民公约、乡规民约和学生守则中，在升国旗仪式、入党入团入队仪式中，在重大纪念日、民族传统节日的纪念活动中，在电影、电视、戏曲的镜头和唱腔中，在微博、微信、微视、微电影中，内容或庄严肃穆，或轻松诙谐，或温暖明快，自觉地传递着惩恶扬善的正能量，塑造着激浊扬清的良好社会氛围。

——扣准时代的脉搏，创新载体创新设计，让社会主义核心价值观引领风尚。网上有一段动画公益短片：一只小鸟在车流间穿梭飞行，突然"啾"的一声，旁边一辆车开始往窗外扔垃圾，连续几次最终把小鸟砸晕了，这时垃圾"脸"红了，出现一个"羞"字，然后垃圾自动飞进垃圾桶，画面上出现一个"休"字。这个简单的小动画，浅显又生动地提醒人们要注意文明素质，知羞方能止休，令人看过难忘。

——把社会主义核心价值观寓于媒体的宣传报道中，让学雷锋志愿服务、精神文明创建与社会主义核心价值观牵手，从传统文化中挖掘怡情养志、培育文明的源头活水，社会主义核心价值观的培养和践行向火热的社会生活敞开着怀抱，实实在在地成为文明进步的抓手和推手。

（二）对外文化交流贸易向全方位、多领域、深层次发展，"一带一路"合作成效显著

十八大以来，先后印发《关于进一步加强和改进中华文化走出去工作的指导意见》《关于加快发展对外文化贸易的意见》《关于加强"一带一路"软力量建设的指导意见》等文件，统筹对外文化交流、文化传播和文化贸易，讲好中国故事，传播好中国声音，文化走出去力度空前加大，我国文化贸易迈上新台阶。文化产品进出口连续多年保持顺差，与"一带一路"沿线国家的文化贸易取得积极进展，文化交流、文化贸易和文化投资并举的"走出去"新格局逐渐形成，文化走出去步伐加快，国家文化软实力得到提升。

——加强对外话语体系建设，紧扣中国梦宣传阐释，用鲜活故事生动阐释中国发展道路的深刻内涵和独特优势。《习近平谈治国理政》以22个语种全球发行640余万册，中国理念、中国制度、中国方案得到越来越多国家和地区的理解和认可。

——拓展对外文化交流，用好中医药、中国美食、中国园林、中国功夫等文化名片，打造对外交流品牌，增进中华文化亲和力感染力。截至2016年底，我国已和"一带一路"沿线的60多个国家签订了政府间文化交流合作协定；已在140个国家建立了511所孔子学院、1073个孔子课堂，建成海外中国文化中心30个、中国馆14个。2016年，我国对"一带一路"沿线国家文化产品进出口总额达149亿美元，比2012年增长15.4%；占文化产品进出口总额的16.8%，比2012年提高2.3个百分点。其中，出口总额126亿

美元，增长21.6%。在历届文博会上，中华文化渐受外商青睐。以深圳文博会为例，2016年实现出口交易额176.972亿元，同比增长7.35%。正在举行的2017年文博会，吸引了40个国家的117家海外机构参展，来自美国、英国、法国等99个国家和地区约两万名海外客商前来参会，展会的国际化程度进一步提升。

——加强国际传播能力建设，打造外宣旗舰媒体，中国国际电视台（中国环球电视网）成功启播。人民日报社实现主要英文社交媒体平台全覆盖，脸书公共账号粉丝量达3000万、推特粉丝260万；近五年新华社稿件在世界主要通讯社互引统计中位居榜首；中央电视台海外整频道用户达4亿户，分布在全球168个国家和地区。

——推进对外文化贸易，扩大我国文化产品和服务在国际市场的份额和竞争力。探索形成中国演艺和艺术展览"走出去"交流交易新机制，加快建立推动中国演艺和艺术展览"走出去"的企业联盟、保税物流仓库、电子商务平台，提供更好的"走出去"公共服务平台。2013—2015年我国文化产品进出口总额均保持1000亿美元以上的规模，文化产品贸易连续实现顺差。2016年，我国文化产品进出口总额885亿美元，占全国货物进出口总额的2.4%，比2012年提高0.1个百分点，文化产品贸易顺差为688亿美元。2016年，我国文化产品出口额786.7亿美元，文化体育和娱乐业对外直接投资39.2亿美元，较2012年增长18.6倍；图书版权输出1万余种，输出和引进品种比例由2012年的1∶1.9提高到2016年的1∶1.6。

第五章
党的十八大以来文化建设的基本经验和典型案例

党的十八大以来，我国改革开放和社会主义现代化建设取得了新的重大成就，社会主义文化强国建设阔步迈进，人民满意、社会认同、世界瞩目。总结十八大以来文化建设发展的基本经验和典型做法，有利于推进中国特色社会主义文化发展战略的完善与实施，促进文化跨越式发展。

一、党的十八大以来文化建设的基本经验

（一）坚持理论创新，以习近平总书记治国理政新理念新思想新战略为科学指引

1. "四个伟大"为文化建设举旗定向

党的十八大以来的五年，是党和国家发展进程中很

不平凡的五年。五年来，以习近平同志为核心的党中央科学把握当今世界和当代中国发展大势，顺应实践要求和人民愿望，以巨大的政治勇气和强烈的责任担当，举旗定向、谋篇布局、迎难而上、开拓进取，统揽伟大斗争、伟大工程、伟大事业、伟大梦想，统筹推进"五位一体"总体布局、协调推进"四个全面"战略布局，推出一系列重大战略举措，出台一系列重大方针政策，推进一系列重大工作，取得了改革开放和社会主义现代化建设新的重大成就。文化领域是五年成绩的鲜明缩影。

时代是思想之母，实践是理论之源。习近平总书记系列重要讲话精神和治国理政新理念新思想新战略，是马克思主义中国化最新成果，开辟了当代中国马克思主义发展新境界，也是我们党对21世纪马克思主义发展的新贡献。五年来包括文化事业在内的党和国家事业取得的历史性成就和发生的历史性变革，在中华人民共和国成立特别是改革开放以来我国发展取得的重大成就基础上，把中国特色社会主义推进到新的发展阶段。五年来我们之所以能取得历史性成就、发生历史性变革，最根本的是我们党有以习近平同志为核心的党中央的坚强领导，有习近平总书记系列重要讲话精神和治国理政新理念新思想新战略的科学指引。

2.习近平总书记身体力行重视文化建设

习近平总书记在言行中为全党全社会重视文化、学习文化、建设文化做出榜样、不断闪现"精彩一课"。十八大后，习近平总书记无论国内视察、与公众交流，还是出访时演讲或接受外国记者采访，他总会以典雅蕴藉又高度概括的经典名句来传达思想。这激发了国内外对中华传统文化的热切关注。

如，2013年3月，习近平当选中国国家主席后首次出访前夕，曾接受金砖国家媒体联合采访，也谈到自己"最大的爱好是读书"。2013年5月，习近平还曾对希腊总理萨马拉斯谈到，年轻时阅读过不少希腊哲人的书籍。2014年2月7日，在俄罗斯索契接受当地媒体专访时，习近平说，"我个人爱好阅读、看电影、旅游、散步"，"现在，我经常能做到的是读书，读书已成了我的一种生活方式"。他还说，读书可以让人保持思想活力，得到智慧启发，滋养浩然之气。习近平总书记历数了自己熟知的俄罗斯作家，包括克雷洛夫、普希金、果戈理、莱蒙托夫、屠格涅夫、陀思妥耶夫斯基、涅克拉索夫、车尔尼雪夫斯基、托尔斯泰、契诃夫、肖洛霍夫，"他们书中许多精彩章节和情节我都记得很清楚"。

2014年3月的访欧之旅，既是对荷兰、法国、德国、比利时四国的国事访问，也可以视作习近平充分展现其文化思想、文化视野的文化之旅。11天，4篇文章、4次公开演讲，以充满文艺色彩的表达向世界阐释了中国梦，而人们也正好能从他的言谈中细读其文化渊源。在文艺工作座谈会上，习近平总书记说，英国的拜伦、雪莱、萧伯纳、狄更斯，美国的惠特曼、马克·吐温、杰克·伦敦、海明威等的作品，他都看过，很喜欢杰克·伦敦的《海狼》《野性的呼唤》。

习近平总书记还结交了不少文人朋友，比如贾大山。

《忆大山》一文，反映了习近平总书记20世纪80年代在河北正定期间与作家贾大山的深厚友谊，及调任福建担任更高职务直至贾大山去世，与其十余年间历久弥坚的交往，饱含真情，十分感人。更早一些，当习近平还在黄土高原插队当农民时，曾与陕北作家路遥相熟。2015年春节后，改编自路遥名著《平凡的世界》的同名电视剧热播，习近平总书记在全国两会上提及："我跟路遥很熟，当年住过一个窑洞。"2013年11月末，他曾到曲阜参观孔府和孔子研究院；转年"五四"，又在北京大学与中国哲学学者汤一介促膝交谈，了解《儒藏》编纂情况。他还曾在到访北京师范大学时，明确反对课本中去掉古代经典诗词和散文，认为这种做法很悲哀。

习近平总书记不仅在讲话时经常引用古诗文，过去20多年来，他在撰写文章时也经常旁征博引，引述的来源非常广泛，并不限于《论语》《孟子》《左传》《老子》等人们耳熟能详的经典，还有一些甚至有点生僻的古籍、诗文。更重要的是，在他对于治国理政各个方面的阐述以及制度建设中，中国传统经典的思想精华同样贯穿其间。习近平多次建议领导干部要多读历史，要学习和借鉴中国历史上治国理政的丰富经验，比如"儒法并用""德刑相辅"、人才选拔看重基层经验等。

习近平总书记每一次与文化有关的表达——出席一项活动、举出一个典故、提及一本书或几位作家，都会被社会舆论细细咀嚼解读，这为文化改革发展起到了巨大的推动作用，也为全世界了解中国、走进中国提供了更广阔的视角。

（二）坚持文化建设的战略地位，把社会主义文化强国建设摆在事关国运的高度

1.重视和强调文化自信

习近平总书记在庆祝中国共产党成立95周年大会上明确提出：中国共产党人"坚持不忘初心、继续前进"，就要坚持"四个自信"即"中国特色社会主义道路自信、理论自信、制度自信、文化自信"。他还强调指出，"文化自信，是更基础、更广泛、更深厚的自信"。习近平总书记关于"四个自信"的重要论述，创造性地拓展了党的十八大提出的中国特色社会主义"三个自信"的谱系，凸显了中国特色社会主义的文化根基、文化本质和文化理想，标志着我们党对中国特色社会主义有了更加明确而开阔的文化建构。

2.把文化作为实现中国梦的决定性力量

党的十八大以来，习近平总书记多次阐述文化建设的重要作用，提出坚定文化自信、增强文化自觉、强化文化担当，回答了我们应该以什么样的视角认识文化、以什么样的态度对待文化、以什么样的思路发展文化的重大问题。要求坚持走中国特色社会主义文化发展道路，弘扬社会主义先进文化，更加坚定、更加自觉地推动"两个文明"协调发展，唱响主旋律、传播正能量、弘扬真善美，不断增强我国文化软实力，努力建设社会主义文化强国，实现"文化小康"。

3.强调文化软实力是综合国力较量的关键

习近平总书记指出，提高国家文化软实力，要努力传

播当代中国的价值观念。当代中国价值观念，就是中国特色社会主义价值观念。要通过多层次多形式的宣传教育和传播阐释，把贯穿其中的科学理论指导、坚定理想信念、正确价值追求，和以爱国主义为核心的民族精神和以改革创新为核心的时代精神，在全社会弘扬起来，把核心价值观贯穿于社会生活和对外交流的方方面面，通过弘扬文化自信，进一步增强我们的道路自信、理论自信、制度自信。

（三）坚持尊重文化发展规律，坚持文化建设的正确方向

1.坚守中华文化立场，推动中华文明创造性转化和创新性发展

十八大以来，以习近平同志为核心的党中央贯彻文化建设思想的一个基本思路就是，必须坚守中华文化立场，以客观、科学、礼敬的态度来对待中华优秀传统文化，激活其生命力，推动中华文化现代化。党的十八大报告指出："建设社会主义文化强国，关键是增强全民族文化创造活力。"习近平总书记在多个场合强调："每一种文明都延续着一个国家和民族的精神血脉，既需要薪火相传，代代守护，更需要与时俱进，勇于创新。中国人民在实现中国梦的进程中，将按照时代的新进步，推动中华文明创造性转化和创新性发展，激活其生命力，把跨越时空、超越国度、富有永恒魅力、具有当代价值的文化精神弘扬起来。"

2.尊重文明多样性，在中外文化交流中保持对自身文化的自信

党的十八大强调要扩大文化领域对外开放，积极吸收借鉴国外优秀文化成果。党的十八届三中全会通过的《中共中央关于全面深化改革若干重大问题的决定》，从全面建成小康社会、实现中华民族伟大复兴中国梦的全局出发，把提高文化开放水平作为全面深化改革开放的重大任务，作出一系列战略部署。这反映了我们党高度的文化自信和崇高的文化追求，反映了我们党对文化建设规律的深刻认识和全面把握。习近平总书记在纪念孔子诞辰2565周年国际学术研讨会暨国际儒学联合会第五届会员大会上提出的尊重文化多样性四项原则受到学者们普遍认同，即：维护世界文明多样性、尊重各国各民族文明、正确进行文明学习借鉴、要科学对待文化传统。2014年3月29日他在柏林会见德国汉学家、孔子学院教师代表和学习汉语的学生代表时说："在中外文化沟通交流中，我们要保持对自身文化的自信、耐力、定力。桃李不言，下自成蹊。大音希声，大象无形。潜移默化、滴水穿石。只要我们加强交流，持之以恒，偏见和误解就会消于无形。"

3.巩固和发展中国特色社会主义文化发展道路

党的十八大以来，文化建设的最重要的成就，就是不断巩固拓展了中国特色社会主义文化发展道路。十八届三中全会通过的《中共中央关于全面深化改革若干重大问题的决定》指出，建设社会主义文化强国，增强国家文化软实力，必须坚持社会主义先进文化前进方向，坚持中国

特色社会主义文化发展道路，培育和践行社会主义核心价值观，巩固马克思主义在意识形态领域的指导地位，巩固全党全国各族人民团结奋斗的共同思想基础。坚持以人民为中心的工作导向，坚持把社会效益放在首位、社会效益和经济效益相统一，以激发全民族文化创造活力为中心环节，进一步深化文化体制改革。

（四）坚持旗帜鲜明、激浊扬清，营造文化领域风清气正良好氛围

十八大以来，文艺领域长期形成的不良风气得到基本扭转，风气一时而新，清风徐来，沁人心脾。

各有关部门先后出台政策，严肃整治不良风气。如：中宣部等五部门联合发出通知，要求制止豪华铺张、提倡节俭办晚会，并明确强调，不得使用财政资金举办营业性文艺晚会，不得使用财政资金高价请演艺人员，不得使用国有企业资金高价捧"明星""大腕"等。中共中央办公厅、国务院办公厅印发的《关于全国性文艺评奖制度改革的意见》，要求各地区各部门结合实际贯彻执行，落实文艺工作座谈会精神，促进优秀文艺作品创作生产传播，严禁各类企业以各种名目举办全国性文艺评奖。这些政策是对整治各类文艺演出中歪风邪气的一记重拳。

（五）坚持以文化体制改革为突破口，释放文化发展活力

党的十八大以来，在以习近平同志为核心的党中央坚强领导下，文化战线高举改革旗帜、聚焦"四梁八柱"、锐意攻坚克难，在巩固以往改革成果基础上，推动文化体

制改革在新的起点上纵深拓展，取得一批开拓性、引领性、标志性的制度创新成果。通过改革，进一步激发了文化创新创造活力，进一步促进了文化事业文化产业蓬勃发展，进一步增强了人民群众的文化获得感和幸福感。

（六）坚持以人民为中心，不断增强人民群众的文化获得感

党的十八大以来，党和国家坚持把实现好、维护好、发展好最广大人民的根本利益作为发展的根本目的，把增进人民福祉、促进人的全面发展作为发展的根本出发点和落脚点，着力使改革发展成果惠及全体人民。文化领域在"放管服"改革，推动现代公共文化服务体系全覆盖、均等化和均衡化发展，推动文化产业经济效益和社会效益相统一等方面发力，强化以人民为中心的工作导向，聚焦激发人民创造活力，充分尊重人民群众主体地位和首创精神，以基层群众为服务对象和表现主体，引导群众自我表现、自我教育、自我服务。过去的五年，文化消费日益扩大、文化产业蓬勃发展、文化创造活力迸发。中国现在是世界第一出版大国、第一电视剧大国、第一广播大国、第一动漫大国……人民群众在文化改革发展中有了更多的获得感。

二、党的十八大以来文艺精品案例举析

党的十八大以来，以习近平同志为核心的党中央从民族复兴的战略高度，深刻阐释文化的地位作用，为社会主义文艺的繁荣发展指明前进方向。广大文艺工作者深入学习贯彻习近平总书记在文艺工作座谈会上的重要讲话精

神，文艺园地呈现出繁荣发展的景象。

（一）坚守价值理想，弘扬社会主义先进文化主旋律

2016年6月29日，庆祝中国共产党成立95周年音乐会《信念永恒》在北京人民大会堂上演。整场晚会气势恢宏、感人肺腑，引起热烈反响。

围绕社会主义核心价值观24字基本内容，中国音乐家协会组织音乐家创作《富强之路》《民主之风》《文明之花》等一组13首歌曲，让广大人民群众在故事中、在诗歌中、在音乐中，将24字内化于心、外化于行；以"时代领跑者"为主题，中国美术家协会组织老中青三代画家收集整理大量劳模资料，为劳模造像、为时代记忆、为人民放歌；关注"一带一路"建设发展，中国曲艺家协会组织100多位曲艺工作者体验丝绸之路沿线人民群众的生活，在为当地群众送去欢乐的同时，创作了一批反映"一带一路"生产生活实际的优秀作品；聚焦中国梦的奋斗历程，中国摄影家协会引导广大摄影人用镜头记录历史和沸腾的现实生活，以独特的视野发现、挖掘现实生活中的真善美。"好山好水好人好事"摄影展两个月共收到近7万件来稿。

广大文艺工作者灵感迸发，创作出一批弘扬社会主义核心价值观的优秀作品：电影《百团大战》《战狼》，电视剧《平凡的世界》《海棠依旧》《太行山上》《北平无战事》，现代京剧《西安事变》，豫剧《焦裕禄》，评剧《母亲》《红高粱》，湘剧《月亮粑粑》，话剧《麻醉师》……引导人们求真、崇善、向美，让主旋律更响亮，正能量更强劲。

2016年，电视剧《彭德怀元帅》获得了收视和口碑的双赢，网络点击量突破5亿次。"只要编剧用心去写，演员用命去演，电视台用情去播，红色题材的主旋律作品就肯定会得到广大观众的喜爱。"国家一级编剧马继红说。在一年半的时间里，他们走访了湖南平江、井冈山、太行山、陕北等彭老总战斗生活过的地方，找寻到创作的底蕴和激情。

2014年岁末，上海话剧艺术中心原创大戏《长生》首演亮相，掌声雷动。80岁的上海话剧界元老娄际成把角色给演"活"了，但台下观众却不知晓，娄际成为坚持上台演出，推迟入院进行心脏治疗。直到谢幕时刻，他才被人们搀扶着走下舞台，前往医院。

广大文艺工作者坚守艺术理想与职业操守，牢记文化担当与职责使命，以自己的实际行动做社会主义核心价值观的践行者、推动者和引领者。

（二）以人民为中心的创作导向，深入人民群众

习近平总书记说："人民是文艺创作的源头活水，一旦离开人民，文艺就会变成无根的浮萍、无病的呻吟、无魂的躯壳。""文艺只有植根现实生活、紧跟时代潮流，才能发展繁荣；只有顺应人民意愿、反映人民关切，才能充满活力。"

2015年8月，第九届茅盾文学奖评选揭晓，格非《江南三部曲》、王蒙《这边风景》、李佩甫《生命册》、金宇澄《繁花》、苏童《黄雀记》等5部作品折桂，被认为"体现了中国当代长篇小说创作思想高度和艺术水准"。

2015年，在中国文联开展的"到人民中去""文艺进万家"等文艺采风系列活动中，近7万名文艺工作者、志愿者参与2000多场次的主题实践活动，直接服务300多万基层群众；仅2015年，中国文联就招募选派395名文艺志愿者在贫困区县近100所乡镇中小学开展文艺支教活动；组织选派160位文艺家，在全国14个省区开展了戏剧、音乐、舞蹈、美术、曲艺、摄影、书法、民间文艺等8类文艺培训项目。

"要虚心向人民学习、向生活学习，从人民的伟大实践和丰富多彩的生活中汲取营养，不断进行生活和艺术的积累，不断进行美的发现和美的创造。"在习近平总书记重要讲话精神指引下，广大文艺工作者把书房和工作室搬进厂矿、村舍、军营、海岛，把人民对美好生活的期盼愿景倾注于艺术创作。曲艺家刘兰芳在四川女子特警队采风过程中，根据部队官兵的故事改编整理出一部反映武警特警队员的评书作品《拯救》；青年男高音歌唱家王志昕在参加"暑期关爱留守儿童文艺支教活动"期间，发起创作了一首关注留守儿童的歌曲《成长》；国家交响乐团在重庆南岸区建立基层联系点，将当地的农民管乐队、盲童学校扬帆管乐团带上了国家大剧院的舞台。

（三）把握时代脉搏，文艺发展新政催生优秀作品

"推动文艺繁荣发展，最根本的是要创作生产出无愧于我们这个伟大民族、伟大时代的优秀作品。"习近平总书记召开文艺工作座谈会后，在党中央的周密部署下，文化新政精准发力、环环相扣，着力破解文艺领域的发展难点，为繁荣发展中国文艺鼓舞士气、谋定全局。

　　十八大以来，一大批"有筋骨、有道德、有温度的文艺作品"应运而生。复排歌剧《白毛女》让观众重温"北风那个吹，雪花那个飘"的经典旋律，巧妙加入新的艺术元素；电影《西游记之大圣归来》《大鱼海棠》以现代手法讲述传统故事，被誉为"国产动画电影良心之作"，电影《战狼2》票房和社会口碑前所未有，引燃中国人的爱国热情；编自网络小说的古装电视连续剧《琅琊榜》刮起一场收视风暴，短短一个月网播量就超过60亿次，获得了收视和口碑的双丰收，基本是创了中国电视剧之最。

　　在经济下行压力加大的大背景下，文化市场实现了重要突破：2016年电影票房超过380亿元，比2015年同期净增20多亿元，观影人次目前超过11.2亿人次；2015年各种类戏剧戏曲演出65万多场，比2014年增长近两成；《人民文学》《当代》《十月》等文学期刊发行稳中有升。

　　广大文艺工作者"感国运之变化、立时代之潮头、发时代之先声"，用歌声凝聚力量，用舞姿传递真情，用画笔描绘美好，用相机定格感动，书写着人民伟大的实践，记录着时代进步的足音，开创着社会主义文艺繁荣发展的崭新局面。

　　（四）突出文化自信，文艺创作的中国风采绽放

　　文艺工作座谈会之后，传承和弘扬中华传统文化、弘扬中华美学精神，开始成为作家艺术家共同的文化自觉与文化自信。中国文艺在世界舞台越来越多地展示中国文化独树一帜的风格气派。

　　G20峰会文艺演出《最忆是杭州》，让博大精深、兼

容并蓄的中国文化与为全球经济复苏与发展贡献智慧的中国方案，共同铭刻在世界的记忆中。京剧名家张火丁走进纽约林肯中心，成功演出全本京剧《白蛇传》《锁麟囊》；上海昆剧团将汤显祖的"临川四梦"首次完整搬上舞台并开启世界巡演，所到之处盛况空前；"国际安徒生奖"获得者曹文轩的50余种作品被国外译成多种语种出版，刘慈欣等中国作家问鼎国际文学奖；中英联合摄制的大型纪录片《孔子》被认为是"向世界讲好中国故事"的积极探索。

从《中华好诗词》《唐诗风云会》到《中国汉字听写大会》《中国成语大会》，再到圈粉无数的《中国诗词大会》，一大批火爆荧屏的原创文化类节目被网友点赞"有文化有格调有内涵"；芗剧《保婴记》、秦腔《花儿声声》、黄梅戏《小乔初嫁》、汉剧《宇宙锋》、湘剧《谭嗣同》等，无一不是通过对中国历史文化的挖掘来彰显民族精神与时代精神。广大文艺工作者不断从中华民族深厚的文化底蕴、多元丰富的现代生活、宽松和谐的社会氛围中汲取养分，以"弘扬中国精神、传播中国价值、凝聚中国力量"的文艺作品，全方位展现中国文化软实力。

第六章
在新的历史起点上
推动文化大发展大繁荣

　　建设社会主义文化强国是中国特色社会主义事业发展和实现中华民族伟大复兴中国梦的内在要求，也是综合国力竞争所凸显的时代课题。从党的十七届六中全会作出《中共中央关于深化文化体制改革 推动社会主义文化大发展大繁荣若干重大问题的决定》，提出建设社会主义文化强国的战略目标，到十八大对扎实推进文化强国的总体部署，到十八届三中全会提出对制约文化强国建设的体制机制进行改革、推进文化体制机制创新等重大举措的提出，再到习近平总书记关于文化强国战略的系列重要讲话精神，标志着党对文化建设的认识达到了一个新高度，文化建设正迈入新常态。回顾十八大以来文化建设的辉煌成就，我们已经站在一个新的历史起点上。面向未来，随着文化体制机制改革的不断深入和我国综合国力的日益提升，五千年中华文化将绽放出前所未有的靓丽光彩，为全人类作出中华民族的独特贡献。

"文运同国运相牵，文脉同国脉相连。"中国特色社会主义文化建设与经济建设、政治建设、社会建设、生态文明建设共同组成"五位一体"的社会主义现代化建设格局。文化建设与其他几个方面的建设互为影响、互为促进。

一、文化发展对经济建设的促进

（一）文化产业成为新的经济增长点

文化产业是当今世界上发展最为迅猛的朝阳产业，不仅成为各国抗击经济衰退、拉动经济增长的重要驱动力，而且已发展为各国政治和文化竞争的主导力量。比如，英国当前创意产业每小时为英国贡献800万英镑的经济价值，一年能达到714亿英镑，它已成为英国经济领域中极为重要的组成部分。再比如，澳大利亚创意产业成为经济变革的先锋，文化经济化已经成为经济发展的新亮点，很多经济学家把这一现象称为"体验经济"的兴起。联合国教科文组织在2015年底和2016年初就文化创意产业和文化贸易发布的两份报告显示，在2013年，全球文化创意产业创收总额已远超通信业，达2.25万亿美元，同时创造了占世界就业总人口1%的就业岗位。

就我国经济而言，文化产业在产业体系转型升级中也具有举足轻重的地位，代表着未来产业的发展方向，对经济的整体发展具有高端引领作用。2010年中国开始超越美国成为世界第一大文化产品出口国，领跑全球文化产品贸易出口。据国家统计局测算，近年来文化产业对国民经济增长的贡献率不断增长，2014年全国文化及相关产业增加值23940亿元，比2013年增长12.1%，占全国GDP的比重由2013年的3.63%提高到3.77%；2015年我国文化产业增加值占GDP比重达3.82%；2016年首次突破30000亿元，占GDP的比重提高到4.07%，文化产业成为经济增长亮点，文化产业正向国民经济支柱型产业的方向迈进。

（二）文化成为推动经济转型升级的关键因素

"十三五"时期，我国经济发展的显著特征就是进入新常态。新常态下，通过经济转型升级实现经济体制更新、发展方式转变、经济结构提升、发展动力转换，是我国经济向形态更高级、分工更优化、结构更合理的阶段演进，实现持续健康发展的必经过程。这一过程中，文化与经济并列发展，二者间关系变得愈发紧密，文化的重要作用日益凸显，成为推动经济转型升级的关键因素。

党的十八大以来，我国积极利用高新技术改造传统文化产业，大力发展文化创意、手机电视、网络电视、数字出版、动漫游戏等新兴文化产业，催生了新的文化业态，拓展了文化发展的新领域；高新技术特别是数字技术、网络技术发展的最新成果被充分运用，覆盖广泛、技术先进的文化传播体系和创新体系日益完善；"互联网+"、大数据、云计算、创客等科技文化热词不断出现，"互联网+行业"在文化行业中成为一支庞大的队伍；动漫、网游、网剧这些年在国内的异军突起。这些都证明了文化行业的繁荣对科技经济增长的巨大贡献。

　　文化产业还有促进第一产业、第二产业调整升级以及第三产业细分的作用。例如韩国影视产业带动了韩国料理、旅游、美容、服装加工等相关产业在世界的扩张；日本动漫产业提升了玩具制造、服饰化妆品、网络游戏、旅游观光、餐饮住宿等行业的发展水准。美国文化产业产值占GDP 的20%以上，美国的文化产品占据着40%的国际市场份额。美国控制了全球75%的电视节目的生产和制作；美国的电影产量虽仅占全球的6.7%，但却占领了全球50%的放映时间；美国文化产业从总体发展规模、水平和对经济的贡献来说都是世界首屈一指的，可以称之为世界头号文化产业强国。

　　就宏观经济的现实情况而言，有研究表明，人均GDP达到3000 美元以上，文化消费和文化发展就会进入快速增长期。尤其是在其他经济领域走弱的年代，文化消费不但不会衰减，反而会逆势而行，不断扩大。正如美国在1929年至1933 年的经济大萧条中，为了释放现实生活的压力，通过文化消费"疗伤"的需求急剧膨胀，好莱坞、百老汇等文化产业的典范蓬勃发展，派拉蒙、米高梅、20 世纪福克斯、华纳兄弟等电影公司都在经济的大萧条中汲取了成长的巨大能量；又如在日本20 世纪90 年代"失去的十年"中，无数失意民众、宅男宅女的心灵安慰需求，推动了动漫大国的崛起；再如在韩国1997—1998 年亚洲金融危机中，国民排解幻灭痛苦、觅求现实遗忘的渴望如火山喷发般带来了游戏产业、电视剧产业的"韩流"。对于需要释放情绪、获得心灵慰藉的民众而言，优美的、轻松的娱乐可以满足自我的需求，因而以大众文化消费为存在基础的文化产业便有了迅速勃兴的基石。当前，宏观经济仍可能面临下行压力，这就需要寻找新的投资领域，未来文化产业必然成为各方关注的焦点。

（三）文化为城市发展提供了深厚底蕴

文化支撑着城市形象，它构成了城市形象中的最具广泛影响力与深远意义的部分。世界上许多著名的旅游城市，都有着鲜明的文化形象。埃及的金字塔，是古埃及文明最有影响力的象征之一；苏州是我国著名的历史文化名城，有"人间天堂，苏州园林"的美誉，2500多年的吴文化底蕴使得苏州展现出独有的风韵……这些城市闻名于世界，正是由其所特有的文化形象与文化底蕴所致，是文化使它们产生了永恒的魅力。

文化建筑一直是城市中重要的公共建筑，随着城市发展的深入与城市生活的变化，出于提升城市活力和满足市民文化艺术生活的需求，在城市中出现了文化建筑成群组进行建设的情况，形成了城市文化中心。城市文化中心一般以大型或重要的文化设施为主构成，包括剧院、展览馆、美术馆、博物馆、纪念性建筑等。而文化是建筑设计的灵魂。近年来，出现的一些奇奇怪怪的建筑也正是文化缺失的表现。

（四）文化越来越成为旅游业的灵魂

随着我国经济社会的快速发展，旅游业发展突飞猛进，文化在旅游业中的地位和作用也越来越重要，已经成为整个旅游业的灵魂和支柱，丰富的文化内涵使得旅游业具有了无限活力与深层魅力。地方文化、历史文化、世界文化共同组合而成文化旅游的基本内容，为旅游注入了极为丰富的文化内涵，而文化所具有的持久性则成为旅游产业可持续发展的重要因素之一。

（五）文化节庆推动经济增长

无论是中华民族的传统节日还是新兴的各种艺术节庆，都会带来一定的经济消费。各种艺术节、电影节、博览会、园艺会等文化节庆成为政府和商家通过推广文化赢得经济利益的助推器。情人节、端午节、中秋节、春节都可以带动巨大的商业消费，节庆经济也正在成为一种新的经济现象。

二、文化建设对政治建设的促进

（一）廉政文化建设赢得了党心民心

全面从严治党，是十八届党中央管党兴党、治国理政的重大政治成就。党的十八大闭幕不到一个月，中央就突出政治导向、问题导向，围绕自身建设，严格执行八项规定、高压反腐。从深入开展党的群众路线教育实践活动使广大党员干部受到猛击一掌的警醒，到从严管理干部，完善党内法规体系，全方位、高标准的管党治党举措频频出台，从抓"打老虎"到拍"小苍蝇"，从清除"巨贪大蠹"，到反对铺张浪费、倡导勤俭节约和改进工作作风，人民群众通过报纸杂志、电视广播、互联网络等媒体更频繁地看到新的气象和变化，全面从严治党使全社会形成了廉政文化氛围，党风政风焕然一新、民风社风悄然变化，人民群众看在眼中、赞在心头。

截至 2017 年 6 月底,全国累计查处违反中央八项规定精神问题 17 万多起,处分 13 万多人。时至今日,"八项规定"从一个新名词,变得家喻户晓,深入人心。老百姓可以深切地感受到，不论是从节日送礼到衣食住行，还是到政府小的工作细节，都有明显的甚至颠覆性的变化，给用公款拜年的不见了，官员之间吃吃喝喝、吹吹拍拍的减少了，文山会海讲排场、警车开道搞特权等现象没有了，少空谈、多实干、亲切朴实、贴近群众的领导干部多了。过去机关"门难进、脸难看、事难办"的现象正在逐步减少，党群关系、干群关系更好了。

对党的十八大以来全面从严治党取得的成果，人民群众给予了很高评价。据国家统计局开展的全国党风廉政建设民意调查数据显示，党的十八大之前人民群众对党风廉政建设和反腐败工作的满意度是75%，2013年是81%，2014年是88.4%，2015年是91.5%，2016年是92.9%，呈现逐年走高的态势。

（二）社会主义核心价值观建设让正能量更强劲

党的十八大以来，各地坚持以理想信念教育为核心，紧紧围绕协调推进"四个全面"的战略布局，常抓不懈地用社会主义核心价值观凝聚人心，不断加大深化普及推广力度，广泛进行宣传教育，努力在全社会形成共同的价值追求，为实现"两个一百年"奋斗目标的中国梦提供了强大的精神动力。

一段时间以来，《将改革进行到底》《法治中国》《大国外交》《巡视利剑》《辉煌中国》等电视专题片陆续播出，生动讲述以习近平同志为核心的党中央治国理政的"中国故事"，成为广大党员干部每晚的"必修课"和许多百姓家庭的"必追剧"。

一大批网络化、移动化新型媒体开办，立体多样的传播矩阵已成规模。"学习小组""侠客岛""新华视点""央视新闻"等一批中央主要媒体打造的微博微信公众号正能量充盈、影响力广泛。人民日报微博粉丝突破9300万，新华社客户端下载量高达2亿多次，央视新闻海外社交媒体账号粉丝数达5700多万。

一批现象级融媒体产品产生"刷屏之效"。人民日报推出的《最牵挂的人》、新华社打造的《红色气质》、中央电视台制作的《厉害了，我们的2016年！》等融媒体产品，生动讲述中国故事、中国共产党故事，赢得网友纷纷转发点赞。

"净网""秋风""护苗"等一系列剑指网络违法有害信息的专项整治先后开展，一大批违法违规网站、微博账号、QQ群、微信群组等被依法关闭。

仪式感的教化效果日益显现，通过举办抗战胜利70周年系列活动、向人民英雄纪念碑敬献鲜花篮、"勿忘九一八"撞钟鸣警等仪式、设立烈士纪念日……利用各种时机和场合生动开展了爱国主义教育，让以爱国主义为核心的民族精神和以改革创新为核心的时代精神根植在人们灵魂深处，不断增强做中国人的骨气和底气。

　　广泛开展学习宣传先进典型活动，及时发布各地和各行业涌现的"时代楷模""最美人物"，为事迹突出、具有重大社会影响的"时代楷模"举办先进事迹报告会，形成鲜明的价值导向。各地各部门注重分层推选各级各类先进典型，让不同类型、不同层次的典型都能发光发热，让一座座道德灯塔昂然挺立。在榜样模范典型的示范带动下，在相关制度的保障推动下，勤俭节约、孝老爱亲、诚信教育、公益行动、学雷锋志愿服务、文明旅游等形式多样的主题实践活动蓬勃开展，与文明城市、文明村镇、文明单位、文明家庭、文明校园等群众性精神文明创建活动同频共振，潜移默化地引导人民群众做社会主义核心价值观的坚定信仰者、积极传播者、模范实践者，润物无声地让社会主义核心价值观成为百姓日用而不觉的行为准则。

　　努力实践社会主义核心价值观的法治精神。《民法总则》成为将社会主义核心价值观融入法治建设的鲜明写照。2017年9月我国颁布实施的《国歌法》，将"培育和践行社会主义核心价值观"写入开篇第一条。《关于进一步把社会主义核心价值观融入法治建设的指导意见》把社会主义核心价值观的要求体现到宪法法律、法规规章和公共政策中，体现到市民公约、村规民约、学生守则、团体章程和各行各业的规章规范中。见义勇为、诚信建设、慈善捐赠等方面的政策和法律正在日益完善。

　　深入开展的道德领域突出问题专项整治，运用法治手段惩戒"老赖"，司法机关依法处理侵犯"狼牙山五壮士"名誉权案、邱少云人格权纠纷案等，维护了公平正义、净化了社会风气、醇化了道德风尚。

经过不断培育和践行，社会主义核心价值观日益转变成人们的实际行动。中国精神、中国价值、中国力量正在为中国特色社会主义事业提供源源不断的精神动力和道德滋养。

（三）优秀传统文化为治国理政提供了丰厚滋养

在漫长的历史进程中，中华民族创造了独树一帜的灿烂文化，积累了丰富的治国理政经验，为推进国家治理现代化提供了丰厚滋养。

习近平总书记站在治国理政的战略高度，深刻地阐述了中国传统文化与中华民族5000年文明史、中国传统文化与中国共产党、中国传统文化与中华民族伟大复兴、中国传统文化与中国特色社会主义、中国传统文化与社会主义核心价值观、中国传统文化与廉政文化建设、中国传统文化与中国外交理念和政策、中国传统文化与建军治军之道、中国传统文化与人类文明发展等重大问题，这些问题既是推动中国传统文化创造性转化和创新性发展的基本问题，也是中国共产党治国理政实践中面临的重大时代课题。

习近平总书记要求重视中国优秀传统文化的学习、借鉴和运用。他的许多讲话，结合实际，大量引用传统文化经典中的名言、名句来阐述。如，在北师大师生座谈会上的讲话，共6000多字，引用古典名言名句达44条之多。优秀传统文化已经成为治国理政取之不竭的智慧宝库，为推进社会主义现代化建设事业作出了重要贡献。

（四）意识形态领域斗争让旋律更响亮

意识形态工作是马克思主义政党治国理政的重要方面。党的十八大以来，以习近平同志为核心的党中央深刻认识到意识形态工作的极端重要性，全面加强党的意识形态建设工作，牢牢掌握意识形态工作的领导权和主动权，使我国社会主义意识形态建设取得了巨大成就。

在习近平总书记系列重要讲话精神指引下，中共中央于2015年8月印发的《中国共产党巡视工作条例》将政治巡视列为巡视工作的重要内容，一些违反政治纪律和政治规矩、抓意识形态工作严重失责的领导干部将受到问责处理。十八届六中全会通过的《关于新形势下党内政治生活的若干准则》规定："全党必须坚决捍卫党的基本路线，对否定党的领导、否定我国社会主义制度、否定改革开放的言行，对歪曲、丑化、否定中国特色社会主义的言行，对歪曲、丑化、否定党的历史、中华人民共和国历史、人民军队历史的言行，对歪曲、丑化、否定党的领袖和英雄模范的言行，对一切违背、歪曲、否定党的基本路线的言行，必须旗帜鲜明反对和抵制。"这些规定既明确了党内政治生活的意识形态"高压线"，又明确了各级党委（党组）旗帜鲜明抓意识形态工作的政治责任。《中国共产党问责条例》和《中国共产党党内监督条例》也将意识形态工作列入问责、监督范围，从而基本构建了意识形态管理制度体系。

通过严实深细的一系列有力举措，意识形态领域形成了守土有责、守土负责、守土尽责的良好局面。比如，对新闻舆论、文艺、哲学社会科学、互联网等重点领域加大意识形态建设力度,使这些领域的意识形态形势发生了很大改变;网络空间"脏乱差"问题得到了有效治理,网络意识形态安全工作得到显著加强,网络空间已经成为传播正能量、推进社会主义意识形态建设的主阵地之一;对以否定改革的社会主义性质为重点的新自由主义思潮和以否定毛泽东为重点的历史虚无主义思潮,作了明确而深刻的批判,错误社会思潮的泛滥趋势受到有效遏阻。

经过建设,中国特色社会主义理论体系研究中心由7家扩容为15家,勇当研究阐释党的创新理论成果的排头兵;马克思主义学院建设力度空前,21所全国重点马克思主义学院成为理论人才培养的高地;国家社会科学基金资助各类项目2.5万余项,各类成果验收结项1万余项,产出各类研究专著1.2万多部。首批25家试点智库的工作频频创新,以前瞻务实的研究成果咨政建言,用增信释疑的权威观点凝聚共识。在"南海仲裁案"这场披着法律外衣的政治闹剧面前,中国智库把对话会、研讨会开到华盛顿、海牙、新加坡,成为站上国际舞台、阐明中国主张的重要力量。《西式民主怎么了》《资本主义怎么了》等系列读物,《西方新闻自由只是传说》等电视片,引导干部群众廓清了思想迷雾,增强了理论自信。2017年7月26日,习近平总书记在省部级主要领导干部专题研讨班上发表重要讲话。广大理论工作者认真学习思考讲话的丰富内涵、精神实质、基本要求,撰写了一大批理论文章,阐释讲话蕴含的重大政治意义、理论意义、实践意义。这些"拳头产品"不仅在社会上产生了重要影响，也成为理论研究阐释能力有效提升的印证。

三、文化建设对社会建设的促进

（一）凝聚了社会共识

十八大以来，从社会生态环境到文化生活领域，从大众文化活动到文艺工作者的文艺创作工作，从最贴近民众的社区文化建设到整个社会的综合发展，文化建设体现在整个社会生活的各个领域，犹如无形的网络将文化的气息带入到社会生活的每一个空间，形成了浓厚的文化氛围。

社会主义核心价值体系增强了中华民族的凝聚力，马克思主义中国化的最新成果武装了全党、教育了人民，中国特色社会主义共同理想凝聚了力量，以爱国主义为核心的民族精神和以改革创新为核心的时代精神鼓舞了斗志，弘扬中华文化构筑了精神家园，亿万人民对中国共产党领导、社会主义制度、改革开放事业、全面建成小康社会目标充满坚定的信念和信心。

（二）保障了人民群众的文化权利

文化是改善民生的重要组成部分，是幸福指数的重要衡量尺度。党的十八大以来，党和国家先后采取了一系列有效措施大力推动文化事业改革创新，人民群众的文化权利得到切实保障。

文化惠民政策向农村基层倾斜。优质的文化资源流向农村基层，专业的文化人才支援农村基层、留在农村基层，取得了显著成效。许多农村基层都建起了农村文化大礼堂、农村图书阅览室，组建了农村文艺宣传队；许多"高大上"的文化活动下到了农村基层，来到了群众身边；不少一年到头忙农活干家务的大妈大婶也忙里偷闲，跳起了欢快的广场舞……昔日一个个冷冷清清的山村因文化惠民而变，因文化惠民而动，因文化惠民而兴。文化惠民给老百姓带来的实惠全都写在他们满意的笑脸上，体现在欢快的舞蹈上。

全民阅读活动在全国范围内广泛开展。2012年11月，党的十八大报告历史性地写入"开展全民阅读活动"。2014年以来，国务院政府工作报告连续四年提出要大力"倡导全民阅读""大力推动全民阅读"；《中华人民共和国国民经济和社会发展第十三个五年规划纲要》也将"推动全民阅读"纳入国家规划纲要，并将全民阅读工程列为"十三五"时期文化重大工程之一。2016年12月26日，我国首个全民阅读国家级规划《全民阅读"十三五"时期发展规划》以推动全民阅读工作常态化、规范化，共同建设书香社会为目标，由国家新闻出版广电总局颁布实施。2017年4月3日，国务院法制办正式就《全民阅读促进条例（征求意见稿）》公开征求意见，标志着全民阅读立法工作取得重大进展。五年来，各类阅读活动蓬勃开展，全社会爱读书、读好书、善读书的阅读氛围愈加浓厚。农家书屋、社区书屋、职工书屋、军营书屋、公共图书馆、实体书店、社区绘本馆，以及各类书香车站、书香公园、书香酒店、书香银行、书吧书院遍布城乡，实现了图书随处可得。电子阅读器、手机阅读APP、微信阅读、电子阅读大屏终端，各类数字阅读设备成为人们的新宠；随时随地进行碎片化阅读，成为人们新的生活方式。有声阅读、在线讲故事、视频直播、网络讲书，层出不穷的新型阅读，以知识付费、体验经济新模式，俘获了许多年轻读者的心。据统计，仅2016年世界读书日期间，全国就有200多个地市和1000多个区县开展了群众性阅读活动。

（三）净化了社会风气

正家风。全国各地广泛开展了树家风社风民风活动，注重家庭、注重家教、注重家风蔚然成风。通过加强顶层设计、系统推进，将家风文化建设融入社会主义核心价值观践行、优秀传统文化弘扬、公民道德教育等各方面，依托特有的文化资源，挖掘和宣传历代名人、知名公众人物的家风家训，发挥先进典型榜样力量，营造"人人崇尚家庭美德，家家分享好家风好家训"的浓厚氛围,在潜移默化中传递正能量。

清政风。以党的群众路线教育实践活动为契机，对群众不满意的干部官气进行"亮剑"清除，实行整改问题"零遗留"、违规违纪"零容忍"、服务群众"零距离",杜绝"索拿卡要"、办事"两头跑"等现象发生。深化"放管服"改革，运用互联网和大数据技术，推进"证照合一"，建立居民身份证异地受理、挂失申报和丢失招领制度，实行国家职业资格目录清单式管理，让信息多跑路、群众少跑腿，人民群众满意度日渐提升。

醇民风。"光盘"成消费时尚，随着中央八项规定精神的严格执行，公款吃喝和炫耀性消费减少，"光盘行动"在社会上逐渐演变成一种自觉遵守的习惯。面子上的消费少了、观念习惯上愿做盆干碗净的"光盘侠"多了。婚丧嫁娶逐渐回归民俗的真正含义，党员干部操办婚丧喜庆的风气也明显好转，在党风带动下，很多地方盲目攀比的不正常社会风气也得到有力扭转。餐饮迈入平民时代，2012年底以来，中央出台了一系列限制公款消费的重要规定，一些原来公款消费扎堆的行业遭遇发展寒冬，高端酒店以往昂贵的菜品也难觅踪迹，会务旅游大幅下滑，天价月饼逐渐淡出人们的视野。

四、文化建设对生态文明建设的促进

环境保护需要全社会共同行动，加强宣传教育、提高环境意识是前提。党的十八大以来，有关部门依托世界环境日、世界地球日等纪念活动，采取多种手段，加强生态环境保护宣传，积极引导社会舆论，推动绿色环保观念深入人心,城市居民的环保认知明显提高。

2017年9月19日，上海交通大学民意与舆情调查研究中心发布2017年度《中国城市居民环保意识调查》报告。此前，该中心已在2013年和2015年完成了两轮调查，2017年进行的是第三轮问卷调查。该调查报告以"中国城市居民环保意识与行为指数"为测评框架，框架由"环境污染评估""环保知识认知""环保意识测评"和"政府行为评价"组成。此次调研采用计算机辅助电话问卷调查系统，对中国35个主要城市的3942位居民进行随机抽样和电话问卷调查，了解我国主要城市的民众对环境治理现状的

评估、对基本环保知识的认知，以及对个人环保行为的态度和对政府环保治理的信心。

调查显示，越来越多的城市居民意识到个人行为将会对环境保护产生一定程度的影响，城市居民的环保意识普遍较强。调查发现，对于环保贡献度、垃圾分类、自带购物袋购物等问题受访者均给出高度肯定回答，分别是75%、90.3%、81.3%；对于为环保组织捐款、做环保义工等问题，受访者的回答也比较乐观，71.1%的受访者表示愿意捐款，78.7%的受访者表示愿意为环保做义工。对于"政府春节期间是否应该禁止放鞭炮和焰火"的问题，80.8%的受访者认为比较应该或者是非常应该。与2015年相比，城市居民在上述几个方面的意识均有了较大提高。另外，对于政府解决交通拥堵问题的措施，高达69.8%的受访者支持采取汽车限号政策。

调查显示，就受访者对政府治污表现的评价而言，多数受访者（57%）对政府在环境污染治理方面表现是满意的，这一占比相较于前两轮已有明显提高。就城市政府环保信息公开问题而言，54.4%的受访者给出了肯定回答，这一比例同样有了较大提高。就受访者对于政府解决环境污染问题的信心而言，受访者给出了差序信任的回答，受访者对中央政府的信心更高（71.1%），受访者对地方政府的信心为66%，受访者对于中央和地方政府在环境治理方面的信心均有较大提高。

众所周知，近几年来，随着环保意识日益深入人心，"极简主义""断舍离""胶囊衣橱"等概念逐渐走进了大众视野，越来越多的人开始尝试并奉行极简主义生活方式。生态文化建设的成效日益显现。

五、文化建设对外交事业的促进

（一）文化外交发挥了独特作用

党的十八大以来，习近平总书记指出"国之交在于民相亲"，以习近平同志为核心的党中央用文化外交模式巩固和扩大了我国在国际社会中长远发展的社会和民意基础。

新一代领导人在一次次的演讲和互动中用感人的故事打动世界，用生动、个性化的语言诠释理念，给中外媒体和受访国民众留下深刻印象。通过引用中国和受访国人民耳熟能详的古语和谚语，不仅表现出我们的文化自信，更表达了对受访国文化的尊重，通过在演讲中讲述民间友谊故事、加入轻松愉快的话题，拉近了同外国民众的距离，营造了亲切友善的氛围，使中国理念的传播更加顺畅。不管是习近平总书记在俄讲述中国人民和俄国飞行员在抗日战争时期的并肩作战，还是在哈萨克斯坦讲述的中国小伙与当地姑娘的爱情故事，抑或在访韩时提到的热播韩剧，都给到访国留下美好印象。习近平总书记在出访时，还会经常使用当地的语言问候大家，获得当地民众的好评。文化交流对于深化中国和外国民众的相互了解和认知发挥了不可替代的作用。

目前，中国已同世界上160多个国家和地区保持着良好的文化交流，同145个国家签订政府间文化合作协定和

800多个年度文化交流执行计划，对外交流的规模和影响空前扩大，内容和形式日益丰富，渠道和层次更加多样，不仅有力推动了政治、经贸、安全等领域的务实合作，更推动了中华文明的发扬光大，为发展创造了良好的国际舆论环境。中国在与世界各国的文化交流中收获了世界各国人民的友谊，中华文化和中国和平发展道路正得到越来越多国家的理解和认同，中国的国际影响力得到前所未有的提升。

（二）为元首外交提供了丰厚文化资源

以习近平同志为核心的党中央充分运用中国优秀文化传统体现外交智慧，成为中华文明在世界大舞台上的重要传播者。

习近平总书记汲取中华文化精髓，提出了富有建设性的中国特色大国外交理念。用传统文化中"立己达人"破解西方"修昔底德陷阱"难题，提出了处理崛起国和守成国之间矛盾冲突的新方式。把"贵和尚中"的和谐理念、德治天下的政治思想运用到处理大国关系中，用践行正确的义利观、义利相兼、义重于利来处理大国与小国之间的相处，不仅彰显了中华文明的深刻内涵，更为处理复杂的国际问题贡献了中国智慧，让世人看到了中华传统文化的不竭生命力。他在国际舞台上对对方国家文化的巧妙、自然运用成为国际佳话，而他的闲庭信步、大气自信也给世界留下了深刻的印象。

虽然在访问中形象化的语言像"跨越喜马拉雅山握手""道义之交""如长江与莱茵河般虽有曲折但一直向

前"一路释放善意，但在表达中国立场时也让世界看到了一个坚定的中国。针对西方散布渲染的"中国威胁论"，习近平总书记用"一只和平的、可亲的、文明的狮子"这样生动的比喻告诉世人：中国坚持走和平发展道路的决心是不会动摇的。在涉及中国的核心利益时，习近平铿锵有力的"任何外国不要指望我们会拿自己的核心利益做交易，不要指望我们会吞下损害我国主权、安全、发展利益的苦果"，为我国和平发展的外部条件划定了底线，让世界听到了中国声音，了解到了事态的真实情况，改变了之前歪曲主观的看法。

文化如同催化剂让原本许多难以进行的对话找到切入点，文化的介入，产生了奇妙的化学反应，让我们很多外交工作取得了意想不到的效果。外媒曾这样评价习近平总书记：这是一个"在对外关系上愿意展露自己个性的中国人。"我国新一代领导人用亲和、睿智、大气的外交风格向世界展示了一个自信强大的中国，让外国友人感受到了我们对于道路自信、理论自信、制度自信和文化自信的崭新中国形象。

（三）为"一带一路"倡议提供历史养分

"一带一路"倡议从历史中走来，文化为其从倡议变为行动、从理念转化为实践提供了强大号召力。2014年至2016年同"一带一路"沿线国家贸易总额超过30000亿美元，对"一带一路"沿线国家投资累计超过500亿美元。2017年5月，我国成功举办"一带一路"国际合作高峰论坛，140多个国家和80多个国际组织的1600多名代表出席，取得5大类、76大项、270多项合作成果，形成国际社会广泛参与、合力推动"一带一路"建设的磅礴气势。各方盛赞"一带一路"建设为构建开放型世界经济、改善和加强全球治理提供了中国方案。

六、社会主义文化事业的未来发展

"十三五"时期我国文化发展面临的国内外形势可以这样来概括：中国已经站在全球化第三阶段的历史性起点上，经济社会的全面进步给文化发展提供的机会是多方面的。但是，由于我国经济总体上还没有完成工业化，文化产业发展的起步阶段与工业化高峰期同步，文化体制改革与发展方式转型任务叠加，文化发展所面临的形势仍十分严峻。

中国文化改革发展要做到未雨绸缪和高屋建瓴，需要运用战略思维提升中国文化发展的科学性、前瞻性和预见性。要从国家层面定位文化在整个社会发展中的战略地位，应对文化发展面临的问题和挑战，研究文化发展的本质和规律，预测未来文化发展的方向和趋势，进行顶层文化战略目标设计和文化政策制定。展望未来，文化发展要发挥对经济、政治、社会和生态的能动反作用，在经济发展的基础上，实现经济、政治、文化、社会和生态"五位一体"的协调和全面发展。

（一）坚持党的领导和马克思主义文艺理论不动摇

习近平总书记在2014年文艺工作座谈会上的讲话中指出："党的根本宗旨是全心全意为人民服务，文艺的根本宗旨也是为人民创作。把握了这个立足点，党和文艺的关系就能得到正确处理，就能准确把握党性和人民性的关系、政治立场和创作自由的关系。"中国文化未来的发展方向，坚持党的领导是前提。

中国共产党成立96年来，一直把马克思主义写在自己的旗帜上，作为革命、建设和改革的指导思想和行动指南。党的十八届三中全会和习近平总书记在文艺工作座谈会上都提出，要加强对文化产品创作生产的引导，全面贯彻"二为"方向和"双百"方针，牢固树立以人民为中心的工作导向。

坚持以人民为中心的创作导向是繁荣和发展社会主义文艺的根本保障，是21世纪中国的马克思主义文艺理论的内核。坚持以人民为中心的创作导向是中国共产党的价值观的充分表现和反映，是中国共产党的执政理念在文艺观上的具体体现。坚持以人民为中心的创作导向要把人民作为文艺表现的主体，把人民作为文艺审美的鉴赏家和评判者，把为人民服务作为文艺工作者的天职。

（二）推动文化体制改革不断深化、公共文化服务体系不断健全

实施文化强国战略、增强社会主义文化软实力、建设社会主义文化强国，深化文化体制改革是关键和抓手。

要把文化体制改革纳入国家整体性改革之中，从而使文化体制改革能够接应经济体制改革所带来的放大效应，消除两种体制改革间的政策鸿沟，从而使先进生产力的发展要求能够生动地体现在先进文化的前进方向之中，为中

国先进文化的前进方向提供一种产业动力机制，从而使文化与经济之间回归其应该有的一种力的同构互动关系。

要着力构建充满活力、富有效率、更加开放、有利于文化产业发展的体制、机制。要深入推动政企分开、政事分开、管办分离，实现经营性文化事业单位的"转企改制"，使其成为相对独立的市场主体，并逐步走向市场，增强文化企业的竞争力。

要通过深化文化体制改革，使文化市场主体通过横向的市场资源配置获得了新的发展动能与空间，促进文化市场主体跨地区、跨行业、跨所有制发展，倾力打造了一批自主经营、自负盈亏、自我发展、自我约束、有实力、有活力、有竞争力、有影响力的大型国有或国有控股文化企业和企业集团，形成一个以国办文化为主体，社会力量参与，多种经济成分和多种经营方式并存、共同发展文化产业的新格局。

文化体制改革的不断深化，最受益的将是全体人民。到那时，公共文化服务将惠及每个人。公共文化服务不再是想干不想干、愿干不愿干的事情，而是政府必须承担的职责，在经费预算、人员编制等方面都将得到切实保障。今后公共文化服务将成为一项"人人能参与、人人想参与"的活动，真正实现公共文化服务活起来、火起来。

（三）文化产业的支柱地位凸显，对经济增长的贡献进一步增大

我国正在崛起的文化创意产业已经显现了强大的发展潜力，国务院关于推进文化创意产业、关于加快对外

文化贸易的战略部署已经宣示了中国当下和未来的文化发展之路。

1998年，文化部设立文化产业司，国家文化主管部门对文化产业的正式认可，是我国政府对于文化产业发展作出的一个重大决策。党的十七届六中全会在文化强国战略的总体布局下，明确提出，加快发展文化产业，推动文化产业成为国民经济支柱性产业……推动文化产业跨越式发展，使之成为新的经济增长点、经济结构战略性调整的重要支点、转变经济发展方式的重要着力点。2012年2月，中共中央办公厅、国务院办公厅印发了《国家"十二五"时期文化改革发展规划纲要》，提出推动文化产业跨越式发展，文化产业"逐步成长为国民经济支柱性产业"的目标。同时，文化部正式向社会发布了《文化部"十二五"时期文化产业倍增计划》，明确"十二五"期间，"以实现跨越式发展为主题，以优化结构布局、加快转变发展方式为主线，以培育文化企业、扩大文化消费、推进文化科技创新、发展特色文化产业为重点，加强内容引导，实施重大文化产业项目带动战略，全面提升文化产业创新能力和核心竞争力……推动文化产业成为国民经济支柱性产业"，确立了文化部门管理的文化产业增加值年平均现价增长速度高于20%，2015年比2010年至少翻一番的倍增奋斗目标。再一次把文化产业提升到社会发展和国民经济的战略地位。这表明文化产业愈加融入国民经济发展的大循环中，成为转变经济发展方式的重要支撑。

2012年11月，党的十八大"扎实推进社会主义文化强国建设"的战略方针，将我国文化建设与发展推到历史新起点，引导了我国文化改革与创新发展的方向。"文化产业成为国民经济支柱性产业"写入十八大报告，使文化产业在国家经济发展格局中的重要地位和作用更加凸显。2014年2月，中央全面深化改革领导小组审议通过的《深化文化体制改革实施方案》提出，"提高文化产业规模化、集约化、专业化水平，积极构建现代文化市场体系，形成公有制为主体、多种所有制共同发展的文化产业格局"。这标志着在中国全面深化改革和经济的新一轮深刻变革中，文化与经济、改革与发展形成良性互动、相互促进的格局，文化体制改革为文化产业发展提供强大动力，文化产业发展为经济发展提供重要保障。资源消耗低、环境污染小、以创意为核心的文化产业将成为转变经济发展方式的重要着力点和国家综合实力提高的新亮点。

在全面建设小康社会的征程中，文化产业是重要内容和强大动力。全面小康社会的内涵不只是单纯的经济指数，而且是物质文明与精神文明高度统一的社会发展的综合指数。文化产业作为全面建设小康社会的新型产业，主要包括两个方面的重要内容：一是通过产业化的发展，为社会提供更多文化产品以满足小康社会人们日益增长的精神需求，不断丰富人们的精神世界，增强人们的精神力量；二是文化产业具有高知识性、高增值性、增值潜力大、经济增长连续和低消耗、低污染等特点，能大大提升经济运行的品质，增强国家发展的经济实力。

参考国外发达国家文化产业发展趋势，根据目前我国文化产业政策导向，可以预测中国文化产业将有以下几个发展趋势。

1. "跨界融合"：文化创意产业与国民经济相关产业融合发展

2014年3月14日，国务院印发《关于推进文化创意和设计服务与相关产业融合发展的若干意见》，标志着"跨界融合"政策正式推出，"十三五"时期将是文化创意产业与国民经济相关产业实现跨界融合发展的高峰期。

跨界融合首先是基于产业链各个环节的垂直融合，文化的资源、创意、生产、技术、资本、流通、消费等环节日益扁平化；其次是技术驱动下的行业融合，如传媒产业中的新闻出版、广播影视、新媒体业等媒体行业的融合，传媒业与歌舞演艺、艺术品业、会展业等不同文化行业的融合；再次是文化产业与外部传统行业的融合，如与零售、金融等传统产业纵深跨界融合加速，产业边界日渐模糊；最后是文化创意元素与第一、第二、第三产业的普遍融合。

2. "带状发展"的区域融合：文化产业空间配置效率提升

2014年8月8日，文化部和财政部联合印发《关于推动特色文化产业发展的指导意见》，文件的发布标志着我国文化产业在发展趋势上出现了"空间转向"。"十三五"时期将是我国文化产业从地方本位和行业分立式的发展模式走向统一市场和空间分布式发展模式的关键时期，文化产业将从空间整合和效益提升中获得重大发展机遇。

　　实施"带状发展"的区域融合战略应该成为规划实施全国合理空间布局的突破口。根据目前掌握的文化产业数据，我们可以规划出4—6个文化发展带，作为地方文化产业"十三五"规划的指导。如长江文化发展带、珠江文化发展带、丝绸之路文化发展带、环渤海文化发展带、东北文化发展带、西部文化发展带等。

　　3.文化科技融合：文化产业的发展水平跃升

　　随着《国家文化科技创新工程纲要》和《文化部"十二五"文化科技发展规划》的出台，"科技带动文化产业发展战略"正式成为我国大力发展文化产业的核心战略之一。"十三五"是中国文化产业与科技融合发展的关键时期，如何营造更加有利于文化科技融合发展的政策环境，是"十三五"时期的文化发展的关键任务之一。

　　首先是科技在文化产业内部对传统产业的冲击，其中纸媒出版首当其冲。其次是文化与科技融合推动了文化产业与许多原来与文化产业毫无关联的行业融合。比如通过创意设计与制造业、农业融合，以及用动漫、影视技术带动传统的旅游产业等。第三是文化科技融合引发的模式创新——众创空间的出现并被肯定。特别需要关注的是，"众创"模式的出现使得"内容为王"走向"平台为王"，出现了平台弱化内容生产的趋势，现在需要重新强调内容为王，至少应该实现内容为王和平台为王的统一。

　　互联网思维对文化事业带来的革新和革命性，正在重塑文化产业。这是互联网时代文化产业每一个领域都必须经历的转型，从平台、渠道到内容，谁失去了最具消费活力的观众，谁就失去了生存和发展的机遇。

4.文化金融合作："大众创业、万众创新"的文化产业发展新形势

党的十八以来，若干文化经济政策文件都将文化金融合作和投融资体系建设作为推动文化产业发展的核心工作之一。此外，2015年3月11日，国务院办公厅发布《国务院办公厅关于发展众创空间推进大众创新创业的指导意见》，标志着中国进入了一个以"大众创业、万众创新"为特点的发展新阶段。因此，"十三五"时期文化金融适应"大众创业、万众创新"的新形势，融合发展是大势所趋，可以预测，文化金融创新将不再是新鲜事物。

（四）树立当代民族文化品牌，不断加强对外传播能力

多年来，我国输出电影以功夫片为主，出版物则偏重花草虫鱼、丝绸、茶叶、瓷器、武术等方面的内容。文化传输仍旧停留在"器物"层面，价值观、文化性格等更深层次的文化产品鲜有涉及。由于受西方文化中心主义观念以及意识形态的影响，国外传播媒介传播的关于中国文化信息不仅停留于一鳞半爪，而且往往带有严重偏见。由此导致了国外受众对中国文化总是如盲人摸象般不得要领，充满误读。这种对中国文化的误解、隔膜在很大程度上影响了中国的整体形象，导致了人们对正在崛起的中国产生偏见，甚至对中国的发展产生疑虑乃至恐惧。这无形中增加加了中国发展的成本，阻碍了中国和平崛起的步伐。

我们欣喜地看到，虽然当代中国文化尚未产生强大的世界影响力，但无论是物质形态文化还是观念形态的文

化都不乏令人瞩目的优秀成果，不仅文学、音乐、影视等各艺术门类都有很多精品力作，版权输出和对外文化贸易持续增长，观念文化如政治文化、生态文化、慈善文化、消费文化、财富观念等也显现出与时俱进的时代性、先进性。在漫长的人类发展史中，中国高度发达的文化曾像一座光芒四射的灯塔照亮了世界的东方，影响了世界文明的进程。西汉时期张骞出使西域、唐朝鉴真东渡日本、明代郑和下西洋等历史上久负盛名的文化事迹，将我国丰富的物质文明和绚丽的文化传播到了世界各地，创造了丝绸之路和海上丝绸之路的辉煌历史，成为我们今天"一带一路"战略得以续写的渊源和根基。我们应该有充分的理由和新新，续写新的时代辉煌。

可以想象，通过加快文化产业发展，推动文化创新实践，我们将不断创造具有强大竞争力的文化产品、文化品牌，占领国内外文化市场的制高点，让既蕴含传统文化精华又有时代气质的当代中国文化产生更大的影响力，让世界了解中国，让中国走向世界，让中华文化为世界文明发展作出更大的贡献。

参考文献

[1]陈晨.十八大以来中国文化外交创新发展[J].中共济南市委党校学报，2016（4）.

[2]陈霞，刘海燕."中国梦"视域下习近平文艺思想研究[J].学校党建与思想教育，2016（5）.

[3]程仕波，谢守成.论习近平文化思想的四个特点[J].社会主义研究，2015（5）.

[4]范周，熊海峰.文化产业政策供给分析[J].中国国情国力，2017（5）.

[5]高家方.文化霸权视域下对中国文化建设的几点思考[J].广东第二师范学院学报，2014.

[6]高长武.习近平文化建设思想的核心要义[J].东岳论丛.2017（4）.

[7]国家统计局社会科技和文化产业统计司.文化强国建设稳步推进 文化改革发展成绩显著——党的十八大以来经济社会发展成就系列之二十[N].中国信息报，2017.

[8]国家统计局社会科技和文化产业统计司，中宣部文化体制改革和发展办公室.中国文化及相关产业统计年鉴（2015）

[M].中国统计出版社，2015.

[9]国家统计局社会科技和文化产业统计司，中宣部文化体制改革和发展办公室.中国文化及相关产业统计年鉴（2016）[M].中国统计出版社，2016.

[10]黄永林.中国文化产业发展战略的历史选择及其特征与经验[J].同济大学学报（社会科学版），2015.

[11]吉狄马加.坚持以人民为中心的创作导向是繁荣和发展社会主义文艺的根本保障[J].党建，2015（10）.

[12]李太阳.鼓动前进号角 引领时代风貌——学习习近平总书记在文艺工作座谈会上讲话[J].前进，2015（5）.

[13]李宗桂.文化的顶层设计对国家治理至关重要[J].国家治理，2014（9）.

[14]李艳美.美国文化产业发展经验与对中国的借鉴[J].东方企业文化，2013.

[15]李安，赵燕.中国文化产业发展研究——京沪深三地文化产业发展的经验与启示[J].中国特色社会主义研究，2009（2）.

[16]李燕，马若云.习近平文艺思想探析[J].中共陕西省委党校学报，2015（3）.

[17]刘佳生.论建筑文化对建筑设计的影响[J].科技创新与应用，2013（11）.

[18]郎捷，张国镛.论十八大以来党的文化建设理论的发展[J].宁夏党校学报，2016.

[19]雒树刚.文化改革提升群众获得感[N].人民日报，2017.

[20]鲁炜.深入总结十六大以来首都宣传思想文化工

作的基本经验 进一步增强推动文化改革发展的信心[J].前线，2012（3）.

[21]罗建华.从"三个自信"到"四个自信"：习近平对中国特色社会主义文化的思考与定位[J].求实，2017（5）.

[22]欧阳雪梅.中华人民共和国文化史（1949—2012）[M].当代中国出版社，2016.

[23]秦志龙，王岩.论坚定文化自信的三个基本问题——学习习近平总书记文化自信重要论述的理论思考[J].毛泽东思想研究，2017（2）.

[24]尚光一.宏观经济镜像映照文化产业发展前景[N].中国社会科学报，2016.

[25]宋玉书，刘学军.中国文化形象传播：如何建构21世纪的中国文化形象[J].中国地质大学学报（社会科学版），2016.

[26]文化部党组.持续推进社会主义文化强国建设[J].求是，2017（13）.

[27]王爱遥.党的十八大以来习近平文化建设思想研究[J].毛泽东思想研究，2017.

[28]夏文斌，王晨.提升文化软实力的战略路径——学习习近平总书记关于文化软实力建设的重要论述[J].中国特色社会主义研究，2016.

[29]殷瑞航.从"四个讲清楚"看习近平优秀传统文化观[J].理论学习，2016（11）.

[30]杨军红，李晓艳.促进社会主义文艺健康发展的纲领性文献——学习《习近平在文艺工作座谈会上讲话》[J].

理论视野，2015（3）.

[31]周茜蓉，程金生.文化建设要实现一元主导与多元共荣的均衡[J].中国井冈山干部学院学报，2013.

[32]张国祚.习近平文化强国战略大思路[J].人民论坛，2014.

[33]中共中央文献研究室.振奋起全民族的"精气神"——十八大以来中央关于思想文化建设的新思想[J].党的文献，2015（4）.

[34]姜迎春.十八大以来我国意识形态建设的主要特点[J].人民论坛,2017(9).

[35]黄小希，崔静树.立价值标杆 引领道德风尚——用先进典型引领社会主义核心价值观建设工作综述[N].新华社,2017.

[36]霍小光，张晓松，黄小希，施雨岑.主旋律更响亮 正能量更强劲——党的十八大以来宣传思想文化工作综述[N].新华社,2017.

[37]江泽慧.弘扬生态文化 推进生态文明 建设美丽中国[N].人民日报,2013.

附录
十八大以来文化建设政策文件选编

国家"十三五"时期
文化发展改革规划纲要

中共中央办公厅　国务院办公厅

（新华社2017年5月7日电）

为深入贯彻落实党的十八大和十八届三中、四中、五中、六中全会精神，加快文化发展改革，建设社会主义文化强国，根据《中共中央关于制定国民经济和社会发展第十三个五年规划的建议》和《中华人民共和国国民经济和社会发展第十三个五年规划纲要》，编制本规划纲要。

序 言

文化是民族的血脉，是人民的精神家园，是国家强盛的重要支撑。坚持"两手抓、两手都要硬",推动物质文明和精神文明协调发展,繁荣发展社会主义先进文化,是党和国家的战略方针。

"十二五"时期我国文化建设取得显著成就,《国家"十二五"时期文化改革发展规划纲要》确定的各项任务顺利完成。特别是党的十八大以来,以习近平同志为核心的党中央团结带领全党全国各族人民,开辟了治国理政新境界,开创了中国特色社会主义事业新局面,社会主义文化建设进一步呈现出繁荣发展的生动景象。中国特色社会主义理论体系最新成果的学习宣传教育不断加强,中华民族伟大复兴的中国梦和社会主义核心价值观深入人心,主旋律更响亮、正能量更强劲。文化体制改革进一步深化,文化事业文化产业持续健康发展,文艺创作日益繁荣,中华优秀传统文化广为弘扬,人民群众精神文化生活更加丰富多彩。文化走出去步伐加快,国际传播能力大幅提高,中华文化国际影响力进一步提升。我们比历史上任何时期都更接近实现中华民族伟大复兴的目标,更有信心和能力铸就中华文化新的辉煌。

"十三五"时期是全面建成小康社会决胜阶段,也是促进文化繁荣发展关键时期。在新的历史起点上,夺取中国特色社会主义新胜利,赢得具有许多新的历史特点的伟大斗争,必须充分发挥文化引领风尚、教育人民、服务社会、推动发展的作用。全面建成小康社会,迫切需要补齐文化发展短板、实现文化小康,丰富人们精神文化生活,提高国民素质和社会文明程度。适应把握引领经济发展新常态，推动改革全面深化，促进社会和谐稳定，迫切需要牢固树立和贯彻落实创新、协调、绿色、开放、共享的发展理念，增进社会共识、营造良好氛围，激发全民族创造活力。高新技术发展日新月异，社会信息化持续推进，互联网影响广泛而深刻，迫切需要拓展文化发展新领域，发展壮大网上主流舆论阵地，更好运用先进技术发展和传播先进文化。世界多极化、经济全球化、文化多样化、社会信息化深入发展，综合国力竞争日趋激烈，迫切需要提高文化开放水平，广泛参与世界文明对话，增强国际话语权，展示中华文化独特魅力，增强国家文化软实力。面对新形势新要求，要进一步坚定文化自信，增强文化自觉，奋力开创中国特色社会主义文化建设新局面，为做好党和国家各项工作提供强大的价值引领力、文化凝聚力和精神推动力。

一、总体要求

（一）牢牢把握文化发展改革的指导思想

高举中国特色社会主义伟大旗帜，全面贯彻党的十八大和十八届三中、四中、五中、六中全会精神，以马克思列宁主义、毛泽东思想、邓小平理论、"三个代表"重要思想、科学发展观为指导，深入学习贯彻习近平总书记系列重要讲话精神和治国理政新理念新思想新战略，切实增强政治意识、大局意识、核心意识、看齐意识，紧紧围绕统筹推进"五位一体"总体布局和协调推进"四个全面"战略布局，坚持以社会主义核心价值观为引领，坚持社会主义先进文化前进方向，坚持中国特色社会主义文化发展道路，坚持依法治国和以德治国相结合，坚持以人民为中心的发展思想和工作导向，坚持把社会效益放在首位、社会效益和经济效益相统一，全面推进文化发展改革，全面完成文化小康建设各项任务，建设社会主义文化强国，更好地构筑中国精神、中国价值、中国力量、中国贡献，为实现"两个一百年"奋斗目标、实现中华民族伟大复兴的中国梦奠定更加坚实的思想文化基础。

（二）把新发展理念贯穿于文化发展改革全过程

——坚持创新发展。适应社会主义市场经济和高新技术发展要求，体现文化例外要求，加大改革力度，全面推进文化内容形式、方法手段、载体渠道、体制机制、政策法规等创新，激发动力、增强活力、释放潜力，推动出精品出人才出效益。

——坚持协调发展。统筹城乡、区域文化发展，统筹文化发展、改革和管理，正确处理政府与市场、国有与民营、对内与对外等重要关系，促进文化事业全面繁荣、文化产业更好发展、优秀传统文化传承弘扬。

——坚持绿色发展。尊重规律，增加优秀精神文化产品和优质文化服务供给，净化社会文化环境，提升文化产业发展质量和效益，推动形成绿色发展方式和生活方式。

——坚持开放发展。推动中华文化走出去，提高国际传播能力，更好发出中国声音、展现中国精神、提出中国主张，借鉴吸收世界有益文化成果，深化不同文明交流互鉴。

——坚持共享发展。面向基层，贴近群众、依靠群众、服务群众，保障人民基本文化权益，满足人民群众日益增长的精神文化需求，提高群众文化参与度和获得感。

（三）全面实现文化发展改革的目标任务

——马克思主义中国化最新成果广泛普及，中国梦引领凝聚作用进一步增强，富强民主文明和谐、自由平等公正法治、爱国敬业诚信友善的社会主义核心价值观更加深入人心，国民思想道德素质、科学文化素质和社会文明程度显著提高。

——精神文化产品创作生产更加活跃繁荣，哲学社会科学创新发展能力不断提升，文化精品不断涌现，网络文化健康发展，社会精神文化生活丰富多彩。

——现代传播体系逐步建立，传统媒体与新兴媒体融合发展取得阶段性成果，形成一批新型主流媒体和主流媒体集团，网络空间更加清朗，社会舆论积极向上。

——现代公共文化服务体系基本建成，基本公共文化服务标准化、均等化水平稳步提高，体现地方和民族特色的文化设施网络基本形成，公共文化供给与群众文化需求有效匹配。

——现代文化产业体系和现代文化市场体系更加完善，文化市场的积极作用进一步发挥，做优做强做大一批文化企业和文化品牌，文化整体实力和竞争力明显增强，"十三五"末文化产业成为国民经济支柱性产业。

——中华优秀传统文化传承体系基本形成，中华民族文化基因与当代文化相适应、与现代社会相协调，实现传统文化创造性转化和创新性发展。

——文化开放格局日益完善，中华文化影响力持续扩大，中国故事、中国声音广泛传播，良好国家形象全面展示，国家文化软实力和国际话语权进一步增强，促进世界文化多样化发展。

——文化宏观管理体制改革不断深化，微观运行机制进一步健全，文化法治建设深入推进，中国特色社会主义文化制度更加成熟更加定型。

二、加强思想理论建设

坚持用马克思列宁主义、毛泽东思想、邓小平理论、"三个代表"重要思想、科学发展观和习近平总书记系列重要讲话精神武装全党、教育人民、推动实践，不断巩固马克思主义在意识形态领域的指导地位，增强广大干部群众中国特色社会主义道路自信、理论自信、制度自信、文化自信。

（一）深化中国特色社会主义理论体系的学习研究宣传。把深入学习宣传贯彻习近平总书记系列重要讲话精神和治国理政新理念新思想新战略作为重中之重，深化中国特色社会主义和中国梦的学习宣传教育。继续编辑出版《习近平谈治国理政》、修订出版《习近平总书记系列重要讲话读本》等。结合"学党章党规、学系列讲话，做合格党员"学习教育深化理论宣传。深入实施马克思主义理论研究和建设工程规划纲要。抓好马克思主义哲学和党史国史、社会主义发展史的学习研究。发展中国特色社会主义政治经济学。坚持和创新党内学习制度，制定党委（党组）中心组学习规则。组织开展面向基层群众的对象化、互动化的理论宣讲。加强对各种社会思潮的辨析和引导，出版一批通俗理论读物。深入实施高校思想政治理论课建设体系创新计划。加强青少年理想信念教育。

（二）繁荣发展哲学社会科学。坚持马克思主义立场观点方法，按照立足中国、借鉴国外，挖掘历史、把握当代，关怀人类、面向未来的思路，着力构建中国特色哲学社会科学。建立健全哲学社会科学管理体制，加强哲学社会科学创新平台、研究基地、传播中心建设。加强话语体系建设，注重以我为主设置议题，积极开展中国哲学社会科学国际学术研讨活动。举办当代中国马克思主义论坛系列理论研讨会。加强对各类讲座论坛、社科机构的引导和管理。发挥国家哲学社会科学基金示范引导作用，强化考核评价工作。充分发挥中国特色新型智库作用，形成定位明晰、特色鲜明、规模适度、布局合理、能进能出的中国特色新型智库体系。扶持哲学社会科学优秀著作出版。编写哲学社会科学普及读本。

（三）加强意识形态领域管理。落实党委（党组）意识形态工作责任制，建立健全考核、督查、问责机制。推动各级党校、行政学院和干部学院开设意识形态工作课程和讲座。坚持党管宣传、党管意识形态、党管媒体，落实属地管理、分级负责和谁主管谁负责的原则，加强意识形态阵地管理，建立健全网络意识形态工作机制，维护国家意识形态安全。

三、提高舆论引导水平

牢牢坚持党性原则、坚持马克思主义新闻观、坚持正确舆论导向、坚持正面宣传为主，把政治方向摆在第一位，高举旗帜、引领导向，围绕中心、服务大局，团结人民、鼓舞士气，成风化人、凝心聚力，澄清谬误、明辨是非，联接中外、沟通世界，加快构建现代传播体系，健全舆情引导机制，强化媒体社会责任，发展壮大主流媒体，切实提高新闻舆论传播力、引导力、影响力、公信力。

（一）做强做大主流舆论。适应分众化、差异化传播趋势，加快构建主流舆论矩阵。加强党报党刊、通讯社、电台电视台等重点新闻媒体建设，提高宣传报道专业化水平。加强和改进正面宣传，做亮党中央治国理政新理念新思想新战略重大主题宣传，做活经济宣传，做好热点引导。综合运用微博、微信、移动新闻客户端等传播方式，拓展主流舆论传播空间。建立和完善民意调查等制度。做好重大突发事件新闻报道和权威信息发布，把握舆论引导的时度效。加强和改进舆论监督，发挥舆论监督建设性作用。

（二）推动媒体融合发展。扶持重点主流媒体创新思路，推动融合发展尽快从相"加"迈向相"融"，形成新型传播模式。支持党报党刊、通讯社、电台电视台建设统一指挥调度的融媒体中心、全媒体采编平台等"中央厨房"，重构新闻采编生产流程，生产全媒体产品。明确不同类型、不同层级媒体定位，统筹推进媒体结构调整和融合发展，打造一批新型主流媒体和媒体集团。

（三）发展壮大网上舆论阵地。遵循网络传播规律，强化互联网思维，加快网络媒体发展。加强重点新闻网站和政府网站建设。加强移动互联网建设和生态治理。强化网站主体责任，健全网站分级分层管理体制。加强教育引导，进一步提升网民网络文明素养。将新闻网站采编人员纳入新闻记者证制度统一管理，纳入新闻采编人员职业资格制度，健全职称评价体系。统筹推进网络舆论引导、网络文化建设、网络文明传播、网络公益活动，增亮网络底色、激发网络正气。

（四）规范传播秩序。规范地方媒体、行业媒体管理。规范推进电台电视台实质性合并，健全节目退出机制。建设视听新媒体集成播控平台。开展视听类智能终端设备入网认证工作。制定互联网分类管理办法。完善互联网法律法规，将现行新闻出版法律法规延伸覆盖到网络媒体管理。完善网站新闻来源许可机制，加强新闻信息采编转载资质管理，规范商业网站转载行为和网络转载版权秩序。建立完善网络版权使用机制。实行新闻采编专业人员职业资格制度，加强职务行为信息管理。加强互联网信息搜索引擎、即时通信工具、移动新闻客户端等管理，明确微博、微信等的运营主体对所传播内容的主体责任。加大对新闻界突出问题治理力度。严厉打击网络谣言、有害信息、虚假新闻、新闻敲诈和假媒体假记者。

四、培育和践行社会主义核心价值观

把社会主义核心价值观融入经济社会发展各领域、贯穿社会生活全过程，加强教育引导、舆论宣传、文化熏陶、实践养成和制度保障，注重通过法律和政策向社会传导正确价值取向，推动社会主义核心价值观宣传教育落细落小落实，不断增强价值观自信，巩固全党全国各族人民团结奋斗的共同思想基础。

（一）推进社会主义核心价值观学习实践具体化系统

化。加强对社会主义核心价值观的研究阐释和宣传普及，充分运用各类媒体、文艺作品、公益广告和群众性文化活动等开展主题宣传。强化实践养成，注重典型示范，开展文化培育，精心设计开展多样化的人民群众喜闻乐见的活动。修订和实施爱国主义教育实施纲要，丰富教育内容、创新教育载体，增强中华民族归属感、认同感、尊严感、荣誉感和命运共同体意识。把社会主义核心价值观纳入国民教育体系，增强学生爱国精神、社会责任感和实践创新能力。发扬红色传统、传承红色基因，用好革命历史类纪念设施、遗址和各类爱国主义教育示范基地等红色资源。弘扬社会主义法治精神，把社会主义核心价值观融入法治建设，推动公正文明执法司法，彰显社会主流价值。推动社会治理体现社会主义核心价值观要求，强化公共政策的价值导向，探索建立重大公共政策道德风险评估和纠偏机制。

　　（二）加强和改进群众性思想政治工作。加强对社会热点难点问题的应对解读，合理引导社会预期，组织开展理论宣讲和形势政策教育，设计有特色有实效的活动载体。推动基层党组织、基层单位、城乡社区有针对性地加强思想政治工作，创新新经济组织和新社会组织的思想政治工作方式。加强青少年思想政治工作。加强高校思想政治建设。持续深入推进"基层工作加强年"活动。健全人文关怀和心理疏导机制，培育自尊自信、理性平和、积极向上的社会心态。

　　（三）深入推进公民道德建设。加强社会公德、职业道德、家庭美德、个人品德教育。发挥党员干部的模范带头作用。举办中国公民道德论坛。礼敬英雄人物，加强对全国重大典型和道德模范、时代楷模的学习宣传，广泛推出"最美人物"、善行义举和身边好人。建立健全先进模范发挥作用的长效机制。弘扬中华传统美德，创新发展乡贤文化，开展孝敬教育、勤劳节俭教育、文明礼仪教育。加强社会诚信建设，推进诚信建设制度化。弘扬劳动最光荣、劳动者最伟大的观念，加强企业文化建设，培育创新创业精神。

（四）深化拓展群众性精神文明创建活动。广泛开展群众性精神文明创建活动，修订完善各类创建测评体系。加强和改进文明城市创建管理，培育城市精神。加强农村精神文明建设。加强文明行业文明单位创建。培育优良家风家教，传承优良校风校训。针对群众反映强烈的突出问题，开展专项文明行动。完善文化科技卫生"三下乡"长效机制。倡导文明健康生活方式。制定国家礼仪规程。实施全民文明礼仪教育养成行动，培育文明行为习惯。规范升国旗仪式、成人仪式、入党入团入队仪式等礼仪制度。广泛开展军民警民共建精神文明活动。落实党和国家有关政策规定，加强对各类评比活动的规范管理。

五、繁荣文化产品创作生产

深入贯彻《中共中央关于繁荣发展社会主义文艺的意见》，着力扶持优秀文化产品创作生产，推出更多传播当代中国价值观念、体现中华文化精神、反映中国人审美追求的精品力作。

（一）把握正确创作导向。牢固树立以人民为中心的创作导向，坚持"二为"方向和"双百"方针，努力为人民抒写、抒情、抒怀。抓好中国梦和爱国主义主题文艺创作，讲好国家民族宏大故事，讲好百姓身边日常故事。建立支持文艺工作者长期深入生活扎根基层的长效保障机制。

（二）推动文化内容形式创新。加强规划指导，加大对具有示范性、引领性作用原创精品的扶持力度。抓好文学、剧本、作曲等基础性环节，支持戏剧、电影、电视、音乐、舞蹈、美术、摄影、书法、曲艺、杂技等艺术门类创新发展，鼓励戏曲流派创新，推动交响乐、歌剧、芭蕾舞等艺术品种的中国化、民族化。推进高雅艺术进校园活动。发挥国家艺术基金、国家出版基金的积极作用。

（三）发展网络文艺。加强网络文化产品创作生产，推动网络文学、网络剧、微电影等新兴文艺类型繁荣有序发展。推动传统文艺与网络文艺创新性融合，促进优秀作品多渠道传输、多平台展示、多终端推送。培养优秀的网络文艺创作、生产、传播和评论人才。健全网络文艺思潮研究分析机制，加大对网络文艺引导力度。

（四）完善评价激励机制。建立健全科学合理的文化产品评价体系，把价值取向、艺术水准、受众反应、社会影响等作为主要指标，合理设置反映市场接受程度的量化指标。建立健全中国特色的收视率调查系统。深化全国性文艺评奖制度改革。引导和规范出版物推荐活动。加强马克思主义文艺理论与评论建设，培养高素质评论队伍。

（五）加强版权保护。全面实施国家知识产权战略，以版权保护促进文化创新。完善版权相关法律法规、行政执法体制和社会服务体系，推进国家版权监管平台建设，依法打击侵权盗版行为，保护版权权利人利益。建立健全信息网络传播权长效保护机制，推进软件正版化工作。推进原创文化作品的版权保护，规范网络使用。完善版权运用的市场机制，推动版权贸易规范化。发展版权产业，形成全产业链的版权开发经营模式。

六、加快现代公共文化服务体系建设

坚持政府主导、社会参与、重心下移、共建共享，坚持缺什么补什么，注重有用、适用、综合、配套，统筹建设、使用与管理，加快构建普惠性、保基本、均等化、可持续的现代公共文化服务体系。

（一）完善公共文化服务网络。鼓励各地按照国家基本公共文化服务指导标准，自主制定富有特色的地方实施办法，健全各级各类公共文化基础设施。立足实际，注重实效，做好公共文化馆、图书馆、博物馆、美术馆、乡镇（街道）综合文化站、村（社区）综合性文化服务中心等的规划建设。提高广播电视播出机构的制播能力和发射（监测）台、卫星地球站、直播卫星平台的承载能力。建设国家和地方应急广播体系。探索农村电影放映长效机制。鼓励社会力量投资或捐助公共文化设施设备。

（二）推动基层公共文化设施资源共建共享。统筹公共文化设施网络和重点文化惠民工程，避免重复建设。整合宣传文化、党员教育、科普普法、体育健身等资源，建设乡镇（街道）、村（社区）的综合文化服务设施。合理利用历史街区、民宅村落、闲置厂房等，兴办公共文化项目。以县级图书馆、文化馆为中心推进总分馆制。推进公共文化设施免费开放。

（三）创新公共文化服务运行机制。推动各级政府购买公共文化服务。鼓励社会组织和企业参与公共文化设施运营和产品服务供给。建立"按需制单、百姓点单"模式，明确由基层选定为主的公共文化服务项目，健全配送网络。推进数字图书馆、文化馆、博物馆建设。开发和提供适合老年人、未成年人、农民工、残疾人等群体的基本公共文化产品和服务。完善公共文化考核评价，探索建立第三方评价机制。

（四）推动老少边贫地区公共文化跨越发展。与国家脱贫攻坚战略相结合，实施一批公共文化设施建设项目。加强少数民族语言频率频道和涉农节目建设。为贫困地区配备或更新多功能流动文化服务车。支持少数民族电影事业发展。加大文化扶贫力度，建立健全"结对子、种文化"工作机制。

七、完善现代文化市场体系和现代文化产业体系

加快发展文化产业，促进产业结构优化升级，提高规模化集约化专业化水平，促进文化产品和要素在全国范围内合理流动，促进文化资源与文化产业有机融合，扩大和引导文化消费，提高文化产业发展质量和效益。

（一）发展壮大文化市场主体。发展骨干文化企业，推动产业关联度高、业务相近的国有文化企业联合重组，推动跨所有制并购重组。以党报党刊所属非时政类报刊、实力雄厚的行业报刊为龙头整合报刊资源，对长期经营

困难的新闻出版单位实行关停并转。降低社会资本准入门槛，鼓励和引导非公有制文化企业发展。支持"专、精、特、新"中小微文化企业发展。

（二）推进文化市场建设。着力构建统一开放、竞争有序的现代文化市场体系，完善文化市场准入和退出机制。加快文化产品市场建设，发展基于互联网的新型文化市场业态，发展电子票务、电影院线、演出院线、网络书店等现代流通组织形式。健全文化要素市场，完善文化资产评估体系。创新文化投融资体制，推动文化资源与金融资本有效对接。鼓励有条件的国有文化企业利用资本市场发展壮大，推动资产证券化。加强文化消费场所建设，开发新型文化消费金融服务模式。发展文化旅游，扩大休闲娱乐消费。培育和发展农村文化市场。加强城乡出版物发行网点建设。规范出版物市场价格行为。加强文化行业组织建设，发展文化中介服务。规范文化产业统计。加强文化市场管理，深入开展"扫黄打非"。

（三）优化文化产业结构布局。加快发展网络视听、移动多媒体、数字出版、动漫游戏、创意设计、3D和巨幕电影等新兴产业，推动出版发行、影视制作、工艺美术、印刷复制、广告服务、文化娱乐等传统产业转型升级，鼓励演出、娱乐、艺术品展览等传统业态实现线上线下融合。开发文化创意产品，扩大中高端文化供给，推动现代服务业发展。围绕"一带一路"建设、京津冀协同发展、长江经济带发展等国家战略，加强重点文化产业带建设。发掘城市文化资源，推进城市文化中心建设。支持中西部地区、民族地区、贫困地区发展特色文化产业。

（四）强化文化科技支撑。落实中央财政科技计划管理改革的有关要求，通过优化整合后的科技计划（专项、基金等），支持符合条件的文化科技项目。运用云计算、人工智能、物联网等科技成果，催生新型文化业态。加强虚拟现实技术的研发与运用。推动"三网融合"。制定文化产业领域技术标准，深入推进国家文化科技创新工程。依托国家级文化和科技融合示范基地，加强文化科技企业创新能力建设，提高文化核心技术装备制造水平。加强文化资源的数字化采集、保存和应用。

八、传承弘扬中华优秀传统文化

坚守中华文化立场，坚持客观科学礼敬的态度，扬弃继承、转化创新，推动中华文化现代化，让中华优秀传统文化拥有更多的传承载体、传播渠道和传习人群，增强做中国人的骨气和底气。

（一）加强中华优秀传统文化研究挖掘和创新发展。系统梳理中华文化的历史渊源、发展脉络、时代影响，阐明中华文化的独特创造、价值理念。厘清中华优秀传统文化的内涵，改造陈旧的表现形式，赋予新的时代内涵和现代表达形式。加强中华优秀传统文化典籍整理和出版，推进文化典籍资源数字化。推动文博单位开发相关文化创意产品。

（二）开展中华优秀传统文化普及。完善中华优秀传统文化教育，加强中华文化基因校园传承。推动中华优秀传统文化图书音像版权资源共享。加强戏曲保护与传承。

普及中华诗词、音乐舞蹈、书法绘画等，举办经典诵读、国学讲堂、文化讲坛、专题展览等活动。鼓励媒体开办主题专栏、节目。利用互联网，推动中华优秀传统文化网络传播。加强语言文字研究和信息化开发应用，大力推广和规范使用国家通用语言文字，科学保护各民族语言文字。

（三）加强文化遗产保护。大力强化全社会文物保护意识，加强世界文化遗产、文物保护单位、大遗址、国家考古遗址公园、重要工业遗址、历史文化名城名镇名村和非物质文化遗产等珍贵遗产资源保护，推动遗产资源合理利用。加强馆藏文物保护和修复。建立健全国家文物督察制度，完善文物登录制度。规范文物流通市场，加大非法流失海外中国文物追索力度。加强考古发掘和整理研究。健全非物质文化遗产保护制度。加强国家级文化生态保护实验区建设，支持非物质文化遗产展览、展示、传习场所建设。推进非物质文化遗产生产性保护。

（四）传承振兴民族民间文化。加强对民间文学、民俗文化、民间音乐舞蹈戏曲、少数民族史诗的研究整理，对濒危技艺、珍贵实物资料进行抢救性保护。扶持民族民间文化社团组织发展。规范和支持非国有博物馆建设。把民族民间文化元素融入新型城镇化和新农村建设，发展有历史记忆、地域特色、民族特点的美丽城镇、美丽乡村。打造一批民间文化艺术之乡。

（五）保护和发展传统工艺。加强对中国传统工艺的传承保护和开发创新，挖掘技术与文化双重价值。推动传统工艺走进现代生活，运用现代设计改进传统工艺，促进传统工艺提高品质、形成品牌、带动就业。

九、提高文化开放水平

推动中华文化走出去，统筹对外文化交流、传播和贸易，创新方式方法，讲述好中国故事，阐释好中国特色，让全世界都能听到听清听懂中国声音，不断增强中国国际话语权，使当代中国形象在世界上不断树立和闪亮起来。

（一）加强国际传播能力建设。提升重点媒体国际传播能力，加强项目实施效果评估。建设国家新闻发布平台。推动理论创新、学术创新和表达创新，把话语体系建设研究成果转化为外宣工作资源，在国际上推动形成正确的中国观。

（二）扩大文化交流合作。用好中外人文交流机制，深化政府间文化交流。加强与"一带一路"沿线国家文化交流合作。推进国际汉学交流和中外智库合作。支持民间力量参与对外文化交流，发挥海外侨胞的积极作用。鼓励社会组织、中资机构等参与海外中国文化中心、孔子学院建设。扩大与海外青少年文化交流。加强与港澳台文化交流合作，共同弘扬中华文化。

（三）发展对外文化贸易和投资。培育对外文化贸易主体，鼓励和引导各种所有制文化企业参与文化产品和服务出口，加大内容创新力度，打造外向型骨干文化企业。稳定传统优势文化产品出口，利用跨境电子商务、市场采购贸易等新兴贸易方式，提高数字文化产品的国际市场竞争力，推动文化装备制造技术标准走出去。支持中华医药、中华烹饪、中国园林、中国武术等走出去。大力发展文化服务外包。鼓励各类企业在境外开展文化投资合作，建设国际营销网络，扩大境外优质文化资产规模。支持文化企业参加重要国际性文化节展。

（四）吸收借鉴国外优秀文化成果。统筹引进来和走出去，以我为主、为我所用，积极吸收借鉴国外有益文化成果、先进经营管理理念和有益做法经验。吸引外商投资我国法律法规许可的文化产业领域，推动文化产业领域有序开放，提升引进外资质量和水平。鼓励文化单位同国外有实力的文化机构进行项目合作，学习先进制作技术和管理经验。开展知识产权保护国际合作。

十、推进文化体制改革创新

遵循社会主义精神文明建设规律，把握文化创作生产传播特点，进一步发挥市场在文化资源配置中的积极作用，加强制度创新，构建确保把社会效益放在首位、社会效益和经济效益相统一的体制机制，调动全社会参与文化发展改革的积极性、主动性、创造性。

（一）全面深化文化体制改革。正确处理党委、政府、市场、社会之间的关系，建立健全党委领导、政府管理、行业自律、社会监督、企事业单位依法运营的文化体制机制。加大供给侧结构性改革力度，增强文化产品和服务有效供给。深化公益性文化事业单位改革，强化社会服务功能。推动国有文化企业加快完善文化生产经营机制，提高市场开发和营销能力。引导非公有资本有序进入、规范经营，鼓励社会各方面参与文化创业。科学区分文化建设项目类型，可以产业化、市场化方式运作的以产业化、市场化方式运作。推广政府和社会资本合作（PPP）模式，允许社会资本参与图书馆、文化馆、博物馆、剧院等公共文化设施建设和运营。加强文化领域重要基础性制度研究和评估，进一步完善体制机制。

（二）完善文化管理体制。加快文化立法进程，强化文化法治保障，全面推进依法行政。抓好公共文化服务保障法、网络安全法、电影产业促进法等法律的实施。深化文化行政管理体制改革，推动政府职能转变，赋予文化企事业单位更多的法人自主权。健全互联网管理领导体制，加强互联网文化管理法规制度建设，完善有关管理工作联动机制。健全国有文化资产管理体制机制。深化文化市场综合行政执法改革，理顺执法机构与有关行政管理部门之间的关系，全面落实行政执法责任制。推进文化类社会组织和行业自律建设，深化文联、作协、记协改革。

（三）深化文化事业单位改革。分类推进文化事业单位改革，进一步明确不同单位的功能定位。深化人事、收入分配、社会保障、经费保障等制度改革，加强绩效评估考核。推动公共文化馆、图书馆、博物馆、美术馆等建立事业单位法人治理结构。加大对党报党刊、通讯社、电台电视台、时政类报刊社、公益性出版社等主流媒体扶持力度，加强内部管理，严格实行采编与经营分开，规范经营活动。在坚持出版权、播出权特许经营前提下，允许制作和出版、制作和播出分开。

（四）建立健全有文化特色的现代企业制度。加快国有文化企业公司制股份制改造，科学设置内部组织结构，强化经营管理。深化内部改革。完善社会效益和经济效益综合考核评价指标体系，建立健全社会效益的具体评价标准，建立考核结果与薪酬分配挂钩的绩效考核制度。推动党政部门逐步与所属文化企业脱钩，理顺主管主办单位与出资人机构关系。

十一、加强文化人才队伍建设

坚持党管干部、党管人才，突出抓好思想政治建设，全面提高能力素质，加快培养造就一支政治坚定、业务精湛、作风优良、党和人民放心的文化人才队伍。

（一）加强思想政治建设和职业道德建设。选好配强宣传思想文化单位领导班子，做到讲政治、强党性、敢担当、勇创新、严律己。大力加强马克思主义新闻观、文艺观教育，开展分层分类培训。深入开展"深入生活、扎根人民"、"走基层、转作风、改文风"等主题实践活动。

（二）培养造就高层次人才。加强领军人才建设，建立健全重大文化项目首席专家制度，培养集聚一批有深厚马克思主义理论素养、学贯中西的思想家和理论家，造就一批人民喜爱、有国际影响的学术大家、艺术大师和民族文化代表人物。加强新闻出版传媒领域高层次人才培养。实施中国特色新型智库高端人才培养计划，壮大公共政策研究和决策咨询队伍。加强文化产业投资运营、文化企业管理、媒体融合发展、网络信息服务等方面复合型人才、紧缺人才培养，多渠道引进海外优秀文化人才。

（三）加强基层宣传文化人才队伍建设。推动解决基层宣传文化单位人员配备、基本待遇、工作条件等方面的实际问题，表彰长期坚守基层、业绩突出的先进工作者，建强基层宣传文化队伍。打造专兼结合的基层工作队伍，扶持民间文艺社团、业余队伍，培养乡土文化能人、民族民间文化传承人和各类文化活动骨干。强化职业院校文化艺术类专业建设，鼓励民间艺人、技艺大师到职业院校兼职任教。深入推进服务农民、服务基层文化建设先进集体创建活动。加强西部及边疆地区基层文化人才队伍建设。大力发展文化志愿者队伍，鼓励社会各方面人士提供公共文化服务、参与基层文化活动。

十二、完善和落实文化经济政策

加大政策创新和执行力度，进一步健全文化经济政策体系，增强针对性、拓展覆盖面，更好地发挥引导激励和兜底保障作用，为坚持把社会效益放在首位、社会效益和经济效益相统一提供强有力的支撑。

（一）加强财政保障。完善公共财政文化投入机制，多渠道筹措资金支持文化发展改革。合理划分各级政府在文化领域的财政事权和支出责任，明确地方主体责任。进一步完善转移支付体制，加大中央和省级财政转移支付力度，重点向革命老区、民族地区、边疆地区、贫困地区倾斜，落实对国家在贫困地区安排的公益性文化建设项目取消县以下（含县）以及西部地区集中连片特困地区地市级配套资金的政策。加大政府性基金与一般公共预算的统筹力度。中央和省级财政继续设立宣传文化发展专项资金，整合设立中央补助地方公共文化服务体系建设专项资金。

加大政府向社会力量购买公共文化服务的力度。中央和地方设立文艺创作专项资金或基金。创新文化产业发展专项资金管理模式，提高资金使用效益。加大文化企业国有资本经营预算投入，补充企业资本金。省属重点文化企业，经省级政府批准，2020年年底前可免缴国有资本收益。建立财政文化预算安排与资金绩效评价结果挂钩制度。通过政府购买服务、原创剧目补贴、以奖代补等方式，着力扶持文艺院团发展改革。

（二）落实和完善文化税收政策。落实经营性文化事业单位转制为企业以及支持文化创意和设计服务、电影、动漫、出版发行等文化企业发展的相关政策，落实支持社会组织、机构、个人捐赠和兴办公益性文化事业的相关政策。研究非物质文化遗产项目经营等方面的税收优惠政策。按照财税体制改革的总体要求，结合文化产业发展的实际需要，完善相关政策，加强对政策执行情况的评估督察，推动文化企业把社会效益放在首位、更好实现社会效益和经济效益有机统一。

（三）发展文化金融。鼓励金融机构开发适合文化企业特点的文化金融产品。支持符合条件的文化企业直接融资，支持上市文化企业利用资本市场并购重组。规范引导面向文化领域的互联网金融业务发展。完善文化金融中介服务体系，促进文化金融对接。探索开展无形资产抵押、质押贷款业务。鼓励开发文化消费信贷产品。

（四）健全文化贸易促进政策。简化文化出口行政审批流程，清理规范出口环节经营性服务和收费，推进文化贸易投资外汇管理便利化，提高海关通关便利化。加强对外文化贸易公共信息服务，分领域、分国别发布国外文化市场动态和文化产业政策信息。支持开展涉外知识产权维权工作。

（五）加强文化建设用地保障。将文化用地纳入城乡规划、土地利用总体规划，在国家土地政策许可范围内，优先保证重要公益性文化设施和文化产业设施、项目用地。修改城市用地分类与规划建设用地标准，完善文化设施用地类型，增加建设用地混合使用要求，保障文化事业文化产业发展。新建、改建、扩建居民住宅区，按照国家有关规定规划和建设相应的文化体育设施。鼓励将城市转型中退出的工业用地根据相关规划优先用于发展文化产业。

十三、组织实施

各级党委和政府要从全局和战略高度，充分认识"十三五"时期文化发展改革的重要意义，把本规划纲要提出的目标任务纳入经济社会发展全局，作为评价地区发展水平、衡量发展质量和考核领导干部工作业绩的重要内容，切实加强组织领导，抓好贯彻实施，力戒形式主义。要牢牢把握文化发展改革的正确方向，坚持和完善党委统一领导、党政齐抓共管、宣传部门组织协调、有关部门分工负责、社会力量积极参与的工作体制和工作格局，形成推动文化建设的强大合力。

中央网信办、文化部、新闻出版广电总局要根据本规划纲要，抓紧制定本领域的专项规划，报中央文化体制改革和发展工作领导小组批准后实施。国家发展改革委、财政部、国土资源部、商务部、税务总局等要按照职责分工，切实落实有关政策，做好各项重点工程的实施和保障。中央文史馆、国务院参事室等相关部门要积极发挥作用。各地要结合实际，编制好本地区文化发展改革规划。各地区各有关部门要加强对本规划纲要实施情况的跟踪分析和监督检查，推动各项任务措施落到实处。

关于培育和践行社会主义
核心价值观的意见

中共中央办公厅

（新华社2013年12月23日电）

社会主义核心价值观是社会主义核心价值体系的内核，体现社会主义核心价值体系的根本性质和基本特征，反映社会主义核心价值体系的丰富内涵和实践要求，是社会主义核心价值体系的高度凝练和集中表达。为深入贯彻落实党的十八大和十八届三中全会精神，积极培育和践行社会主义核心价值观，现提出如下意见。

一、培育和践行社会主义核心价值观的重要意义和指导思想

（一）培育和践行社会主义核心价值观，是推进中国特色社会主义伟大事业、实现中华民族伟大复兴中国梦的战略任务。党的十八大提出，倡导富强、民主、文明、和谐，倡导自由、平等、公正、法治，倡导爱国、敬业、诚信、友善，积极培育和践行社会主义核心价值观。这与中国特色社会主义发展要求相契合，与中华优秀传统文化和人类文明优秀成果相承接，是我们党凝聚全党全社会价值共识作出的重要论断。富强、民主、文明、和谐是国家层面的价值目标，自由、平等、公正、法治是社会层面的价值取向，爱国、敬业、诚信、友善是公民个人层面的价值准则，这24个字是社会主义核心价值观的基本内容，为培育和践行社会主义核心价值观提供了基本遵循。面对世界范围思想文化交流交融交锋形势下价值观较量的新态势，面对改革开放和发展社会主义市场经济条件下思想意识多元多样多变的新特点，积极培育和践行社会主义核心价值观，对于巩固马克思主义在意识形态领域的指导地位、巩固全党全国人民团结奋斗的共同思想基础，对于促进人的全面发展、引领社会全面进步，对于集聚全面建成小康社会、实现中华民族伟大复兴中国梦的强大正能量，具有重要现实意义和深远历史意义。

（二）培育和践行社会主义核心价值观的指导思想是：高举中国特色社会主义伟大旗帜，以邓小平理论、"三个代表"重要思想、科学发展观为指导，深入学习贯彻党的十八大精神和习近平同志系列讲话精神，紧紧围绕坚持和发展中国特色社会主义这一主题，紧紧围绕实现中华民族伟大复兴中国梦这一目标，紧紧围绕"三个倡导"这一基本内容，注重宣传教育、示范引领、实践养成相统一，注重政策保障、制度规范、法律约束相衔接，使社会主义核心价值观融入人们生产生活和精神世界，激励全体人民为夺取中国特色社会主义新胜利而不懈奋斗。

（三）培育和践行社会主义核心价值观要坚持以下原则：坚持以人为本，尊重群众主体地位，关注人们利益诉求和价值愿望，促进人的全面发展；坚持以理想信念为核心，抓住世界观、人生观、价值观这个总开关，在全社会牢固树立中国特色社会主义共同理想，着力铸牢人们的精神支柱；坚持联系实际，区分层次和对象，加强分类指导，找准与人们思想的共鸣点、与群众利益的交汇点，做到贴近性、对象化、接地气；坚持改进创新，善于运用群众喜闻乐见的方式，搭建群众便于参与的平台，开辟群众乐于参与的渠道，积极推进理念创新、手段创新和基层工作创新，增强工作的吸引力感染力。

二、把培育和践行社会主义核心价值观融入国民教育全过程

（四）培育和践行社会主义核心价值观要从小抓起、从学校抓起。坚持育人为本、德育为先，围绕立德树人的根本任务，把社会主义核心价值观纳入国民教育总体规划，贯穿于基础教育、高等教育、职业技术教育、成人教育各领域，落实到教育教学和管理服务各环节，覆盖到所有学校和受教育者，形成课堂教学、社会实践、校园文化多位一体的育人平台，不断完善中华优秀传统文化教育，形成爱学习、爱劳动、爱祖国活动的有效形式和长效机制，努力培养德智体美全面发展的社会主义建设者和接班人。适应青少年身心特点和成长规律，深化未成年人思想道德建设和大学生思想政治教育，构建大中小学有效衔接的德育课程体系和教材体系，创新中小学德育课和高校思想政治理论课教育教学，推动社会主义核心价值观进教材、进课堂、进学生头脑。完善学校、家庭、社会三结合的教育网络，引导广大家庭和社会各方面主动配合学校教育，以良好的家庭氛围和社会风气巩固学校教育成果，形成家庭、社会与学校携手育人的强大合力。

（五）拓展青少年培育和践行社会主义核心价值观的有效途径。注重发挥社会实践的养成作用，完善实践教育教学体系，开发实践课程和活动课程，加强实践育人基地建设，打造大学生校外实践教育基地、高职实训基地、青少年社会实践活动基地，组织青少年参加力所能及的生产劳动和爱心公益活动、益德益智的科研发明和创新创造活动、形式多样的志愿服务和勤工俭学活动。注重发挥校园文化的熏陶作用，加强学校报刊、广播电视、网络建设，完善校园文化活动设施，重视校园人文环境培育和周边环境整治，建设体现社会主义特点、时代特征、学校特色的校园文化。

（六）建设师德高尚、业务精湛的高素质教师队伍。实施师德师风建设工程，坚持师德为上，完善教师职业道德规范，健全教师任职资格准入制度，将师德表现作为教师考核、聘任和评价的首要内容，形成师德师风建设长效机制。着重抓好学校党政干部和共青团干部，思想品德课、思想政治理论课和哲学社会科学课教师，辅导员和班主任队伍建设。引导广大教师自觉增强教书育人的荣誉感和责任感，学为人师、行为世范，做学生健康成长的指导者和引路人。

三、把培育和践行社会主义核心价值观落实到经济发展实践和社会治理中

（七）确立经济发展目标和发展规划，出台经济社会政策和重大改革措施，开展各项生产经营活动，要遵循社会主义核心价值观要求，做到讲社会责任、讲社会效益、讲守法经营、讲公平竞争、讲诚信守约，形成有利于弘扬社会主义核心价值观的良好政策导向、利益机制和社会环境。与人们生产生活和现实利益密切相关的具体政策措施，要注重经济行为和价值导向有机统一，经济效益和社会效益有机统一，实现市场经济和道德建设良性互动。建立完善相应的政策评估和纠偏机制，防止出现具体政策措施与社会主义核心价值观相背离的现象。

（八）法律法规是推广社会主流价值的重要保证。要把社会主义核心价值观贯彻到依法治国、依法执政、依法行政实践中，落实到立法、执法、司法、普法和依法治理各个方面，用法律的权威来增强人们培育和践行社会主义核心价值观的自觉性。厉行法治，严格执法，公正司法，捍卫宪法和法律尊严，维护社会公平正义。加强法制宣传教育，培育社会主义法治文化，弘扬社会主义法治精神，增强全社会学法尊法守法用法意识。注重把社会主义核心价值观相关要求上升为具体法律规定，充分发挥法律的规范、引导、保障、促进作用，形成有利于培育和践行社会主义核心价值观的良好法治环境。

（九）要把践行社会主义核心价值观作为社会治理的重要内容，融入制度建设和治理工作中，形成科学有

效的诉求表达机制、利益协调机制、矛盾调处机制、权益保障机制，最大限度增进社会和谐。创新社会治理，完善激励机制，褒奖善行义举，实现治理效能与道德提升相互促进，形成好人好报、恩将德报的正向效应。完善市民公约、村规民约、学生守则、行业规范，强化规章制度实施力度，在日常治理中鲜明彰显社会主流价值，使正确行为得到鼓励、错误行为受到谴责。

四、加强社会主义核心价值观宣传教育

（十）用社会主义核心价值观引领社会思潮、凝聚社会共识。深入开展中国特色社会主义和中国梦宣传教育，不断增强人们的道路自信、理论自信、制度自信，坚定全社会全面深化改革的意志和决心。把社会主义核心价值观学习教育纳入各级党委（党组）中心组学习计划，纳入各级党委讲师团经常性宣讲内容。深入研究社会主义核心价值观的理论和实际问题，深刻解读社会主义核心价值观的丰富内涵和实践要求，为实践发展提供学理支撑。深入推进马克思主义理论研究和建设工程，发挥国家社科基金的导向带动作用，推出更多有分量有价值的研究成果。加强社会思潮动态分析，强化社会热点难点问题的正面引导，在尊重差异中扩大社会认同，在包容多样中形成思想共识。严格社团、讲座、论坛、研讨会、报告会的管理。

（十一）新闻媒体要发挥传播社会主流价值的主渠道作用。坚持团结稳定鼓劲、正面宣传为主，牢牢把握正确舆论导向，把社会主义核心价值观贯穿到日常形势宣传、成就宣传、主题宣传、典型宣传、热点引导和舆论监

督中，弘扬主旋律，传播正能量，不断巩固壮大积极健康向上的主流思想舆论。党报党刊、通讯社、电台电视台要拿出重要版面时段、推出专栏专题，出版社要推出专项出版，运用新闻报道、言论评论、访谈节目、专题节目和各类出版物等形式传播社会主义核心价值观。都市类、行业类媒体要增强传播主流价值的社会责任，积极发挥自身优势，适应分众化特点，多联系群众身边事例，多运用大众化语言，在生动活泼的宣传报道中引导人们培育和践行社会主义核心价值观。强化传播媒介管理，不为错误观点提供传播渠道。新闻出版单位和从业人员要强化行业自律，切实增强传播社会主义核心价值观的责任意识和能力，将个人道德修养作为从业资格考评重要内容。

（十二）建设社会主义核心价值观的网上传播阵地。适应互联网快速发展形势，善于运用网络传播规律，把社会主义核心价值观体现到网络宣传、网络文化、网络服务中，用正面声音和先进文化占领网络阵地。做大做强重点新闻网站，发挥主要商业网站建设性作用，形成良好的网上舆论环境，集聚网上舆论引导合力。做好重大信息网上发布，回应网民关切，主动有效进行网上引导。推动中华优秀传统文化和当代文化精品网络化传播，创作适于新兴媒体传播、格调健康的网络文化作品。依法加强网络社会管理，加强对网络新技术新应用的管理，推进网络法制建设，规范网上信息传播秩序，整治网络淫秽色情和低俗信息，打击网络谣言和违法犯罪，使网络空间清朗起来。

（十三）发挥精神文化产品育人化人的重要功能。

一切文化产品、文化服务和文化活动，都要弘扬社会主义核心价值观，传递积极人生追求、高尚思想境界和健康生活情趣。提升文化产品的思想品格和艺术品位，用思想性艺术性观赏性相统一的优秀作品，弘扬真善美，贬斥假恶丑。加强对新型文化业态、文化样式的引导，让不同类型文化产品都成为弘扬社会主流价值的生动载体。加大对优秀文化产品的推广力度，开展优秀文化产品展演展映展播活动、经典作品阅读观看活动。完善文化产品评价体系，坚持文艺评论评奖的正确价值取向。完善公共文化服务体系，提供均等优质的文化产品，开展多姿多彩的文化活动，丰富群众精神文化生活。

五、开展涵养社会主义核心价值观的实践活动

（十四）广泛开展道德实践活动。以诚信建设为重点，加强社会公德、职业道德、家庭美德、个人品德教育，形成修身律己、崇德向善、礼让宽容的道德风尚。大力宣传先进典型，评选表彰道德模范，形成学习先进、争当先进的浓厚风气。在国家博物馆设立英模陈列馆。深化公民道德宣传日活动，组织道德论坛、道德讲堂、道德修身等活动。加强政务诚信、商务诚信、社会诚信和司法公信建设，开展道德领域突出问题专项教育和治理，完善企业和个人信用记录，健全覆盖全社会的征信系统，加大对失信行为的约束和惩戒力度，在全社会广泛形成守信光荣、失信可耻的氛围。把开展道德实践活动与培育廉洁价值理念相结合，营造崇尚廉洁、鄙弃贪腐的良好社会风尚。

（十五）深化学雷锋志愿服务活动。大力弘扬雷锋

精神，广泛开展形式多样的学雷锋实践活动，采取措施推动学雷锋活动常态化。以城乡社区为重点，以相互关爱、服务社会为主题，围绕扶贫济困、应急救援、大型活动、环境保护等方面，围绕空巢老人、留守妇女儿童、困难职工、残疾人等群体，组织开展各类形式的志愿服务活动，形成我为人人、人人为我的社会风气。把学雷锋和志愿服务结合起来，建立健全志愿服务制度，完善激励机制和政策法规保障机制，把学雷锋志愿服务活动做到基层、做到社区、做进家庭。

（十六）深化群众性精神文明创建活动。各类精神文明创建活动要在突出社会主义核心价值观的思想内涵上求实效。推进文明城市、文明村镇、文明单位、文明家庭等创建活动，开展全民阅读活动，不断提升公民文明素质和社会文明程度。广泛开展美丽中国建设宣传教育。开展礼节礼仪教育，在重要场所和重要活动中升挂国旗、奏唱国歌，在学校开学、学生毕业时举行庄重简朴的典礼，完善重大灾难哀悼纪念活动，使礼节礼仪成为培育社会主流价值的重要方式。加强对公民文明旅游的宣传教育、规范约束和社会监督，增强公民旅游的文明意识。

（十七）发挥优秀传统文化怡情养志、涵育文明的重要作用。中华优秀传统文化积淀着中华民族最深沉的精神追求，包含着中华民族最根本的精神基因，代表着中华民族独特的精神标识，是中华民族生生不息、发展壮大的丰厚滋养。建设优秀传统文化传承体系，加大文物保护和非物质文化遗产保护力度，加强对优秀传统文化思想价值的挖掘，梳理和萃取中华文化中的思想精华，作出通俗易懂的当代表达，赋予新的时代内涵，使之与中国特色社会主义相适应，让优秀传统文化在新的时代条件下不断发扬光大。重视民族传统节日的思想熏陶和文化教育功能，丰富民族传统节日的文化内涵，开展优秀传统文化教育普及活动，培育特色鲜明、气氛浓郁的节日文化。增加国民教育中优秀传统文化课程内容，分阶段有序推进学校优秀传统文化教育。开展移风易俗，创新民俗文化样式，形成与历史文化传统相承接、与时代发展相一致的新民俗。

（十八）发挥重要节庆日传播社会主流价值的独特优势。开展革命传统教育，加强对革命传统文化时代价值的阐发，发扬党领导人民在革命、建设、改革中形成的优良传统，弘扬民族精神和时代精神。挖掘各种重要节庆日、纪念日蕴藏的丰富教育资源，利用五四、七一、八一、十一等政治性节日，三八、五一、六一等国际性节日，党史国史上重大事件、重要人物纪念日等，举办庄严庄重、内涵丰富的群众性庆祝和纪念活动。利用党和国家成功举办大事、妥善应对难事的时机，因势利导地开展各类教育活动。加强爱国主义教育基地建设，形成实体展馆与网上展馆相结合、涵盖各个历史时期的爱国主义教育基地体系。推进公共博物馆、纪念馆、爱国主义教育基地和文化馆、图书馆、美术馆、科技馆等免费开放，积极发展红色旅游。

（十九）运用公益广告传播社会主流价值、引领文明风尚。围绕社会主义核心价值观，加强公益广告的选题规划和内容创意，形成公益广告传播先进文化、传扬新风正气的强大声势。加大公益广告刊播力度，广播电视、报纸期刊要拿出黄金时段、重要版面和显著位置，持续刊播公益广告。互联网和手机媒体要发挥传输快捷、覆盖广泛的优势，运用多种方式扩大公益广告的影响力。社会公共场所、公共交通工具要在适当位置悬挂张贴公益广告。各类公益广告要注重导向鲜明、富有内涵、引人向上，注重形式多样、品位高雅、创意新颖，体现时代感厚重感，增强传播力感染力。

六、加强对培育和践行社会主义核心价值观的组织领导

（二十）各级党委和政府要充分认识培育和践行社会主义核心价值观的重要性，把这项任务摆上重要位置，把握方向，制定政策，营造环境，切实负起政治责任和领导责任。把社会主义核心价值观要求体现到经济建设、政治建设、文化建设、社会建设、生态文明建设和党的建设各领域，推动培育和践行社会主义核心价值观同实际工作融为一体、相互促进。建立健全培育和践行社会主义核心价值观的领导体制和工作机制，加强统筹协调，加强组织实施，加强督促落实，提高工作科学化水平。党的基层组织要在推动社会主义核心价值观培育和践行方面，发挥政治核心作用和战斗堡垒作用，筑牢社会和谐的精神纽带，打牢党执政的思想基础。

（二十一）党员、干部要做培育和践行社会主义核心价值观的模范。党员、干部特别是领导干部要在培育和践行社会主义核心价值观方面带好头，以身作则、率先垂范，讲党性、重品行、作表率，为民、务实、清廉，以人格力量感召群众、引领风尚。加强理想信念教育，引导党员、干部着力增强走中国特色社会主义道路、为党和人民事业不懈奋斗的自觉性和坚定性，做共产主义远大理想和中国特色社会主义共同理想的坚定信仰者。加强党性教育，引导党员、干部贯彻党的群众路线，弘扬党的优良传统和作风，以优良党风促政风带民风。加强道德建设，引导党员、干部始终保持高洁生活情趣，坚守共产党人精神追求。

（二十二）培育和践行社会主义核心价值观是全社会的共同责任。坚持全党动手、全社会参与，把培育和践行社会主义核心价值观同各领域的行政管理、行业管理和社会管理结合起来，形成齐抓共管的工作格局。党政各部门，工会、共青团、妇联等人民团体，要在党委统一领导下，加强沟通、密切配合，形成共同推进社会主义核心价值观培育和践行的良好局面。各地区各部门各单位要制定实施方案，落实工作责任制，明确任务分工，完善工作措施。重视发挥民主党派和工商联的重要作用，支持民主党派和工商联开展培育和践行社会主义核心价值观的各项工作。加强同知识界的联系，引导知识分子用正确观点阐释和传播社会主义核心价值观。党委宣传部门要切实担负起组织指导、协调推进的重要职责，积极会同有关部门采取有力措施，推动各项任务落到实处。

（二十三）把培育和践行社会主义核心价值观的任务

落实到基层。城乡基层是培育和践行社会主流价值的重要依托，农村、企业、社区、机关、学校等基层单位要重视社会主义核心价值观的培育和践行，使之融入基层党组织建设、基层政权建设中，融入城乡居民自治中，融入人们生产生活和工作学习中，努力实现全覆盖，推动社会主义核心价值观不断转化为社会群体意识和人们自觉行动。充分发挥工人、农民、知识分子的主力军作用，发挥党员、干部的模范带头作用，发挥青少年的生力军作用，发挥社会公众人物的示范作用，发挥非公有制经济组织和新社会组织从业人员的积极作用，形成人人践行社会主义核心价值观的生动景象。

中共中央关于
繁荣发展社会主义文艺的意见

（2015年10月3日）

为深入贯彻党的十八大和十八届三中、四中全会精神，认真落实习近平总书记在文艺工作座谈会上的重要讲话精神，繁荣发展社会主义文艺，提出如下意见。

一、做好文艺工作的重大意义和指导思想

1. 充分认识文艺工作的重要作用。文艺是民族精神的火炬，是时代前进的号角，最能代表一个民族的风貌，最能引领一个时代的风气。文艺事业是党和人民事业的重要组成部分。我们党历来高度重视文艺工作，在革命、建设、改革各个时期，充分运用文艺引领时代风尚、鼓舞人民前进、推动社会进步。实现中华民族伟大复兴，离不开中华文化繁荣兴盛，离不开文艺事业繁荣发展。举精神旗帜、立精神支柱、建精神家园，是当代中国文艺的崇高使命。弘扬中国精神、传播中国价值、凝聚中国力量，是文艺工作者的神圣职责。

2. 准确把握文艺工作面临的形势。当前，我国文艺

创作生产活跃，内容形式丰富，风格手法多样，涌现了一大批人民喜爱的优秀作品，呈现出百花竞放、蓬勃发展的生动景象。广大文艺工作者辛勤耕耘、服务人民，取得了显著成绩，作出了重要贡献。随着改革开放和社会主义现代化建设深入推进，我国经济社会发展取得巨大成就，现代科学技术日新月异，对外交流交往不断加深，国际地位显著提升，人民精神文化需求日益增长，为文艺发展提供了坚实基础、内在动力、广阔空间。同时，意识形态领域形势十分复杂，巩固思想文化阵地、维护国家文化安全的任务更加紧迫；在思想活跃、观念碰撞、文化交融的背景下，文艺领域还存在价值扭曲、浮躁粗俗、娱乐至上、唯市场化等问题，价值引领的任务艰巨迫切；文艺创作生产存在有数量缺质量、有"高原"缺"高峰"，抄袭模仿、千篇一律、粗制滥造等问题，推出精品力作的任务依然繁重；文艺评论存在"缺席"、"缺位"现象，对优秀作品推介不够，对不良现象批评乏力，文艺评论辨善恶、鉴美丑、促繁荣的作用有待强化。文艺环境、业态、格局深刻调整，创作、传播、消费深刻变化，新的文艺组织和文艺群体大量出现，引导、管理、服务的体制机制、手段方法亟须改革创新。

3. 文艺工作的指导思想和方针原则。高举中国特色社会主义伟大旗帜，以马克思列宁主义、毛泽东思想、邓小平理论、"三个代表"重要思想、科学发展观为指导，深入学习贯彻习近平总书记系列重要讲话精神，紧紧围绕全面建成小康社会、全面深化改革、全面依法治国、全面从严治党的战略布局，深入贯彻党的十八大和十八届三中、四中全会精神，坚持社会主义先进文化前进方向，全面贯彻"二为"方向和"双百"方针，紧紧依靠广大文艺工作者，坚持以人民为中心，以社会主义核心价值观为引领，以中国精神为灵魂，以中国梦为时代主题，以中华优秀传统文化为根脉，以创新为动力，以创作生产优秀作品为中心环节，深入实践、深入生活、深入群众，推出更多无愧于民族、无愧于时代的文艺精品，不断满足人民精神文化需求，建设社会主义文化强国，为实现"两个一百年"奋斗目标、实现中华民族伟大复兴的中国梦提供强大的价值引导力、文化凝聚力、精神推动力。

二、坚持以人民为中心的创作导向

4．为人民抒写、为人民抒情。社会主义文艺本质上是人民的文艺，人民的需要是文艺存在的根本价值。解决好"为了谁、依靠谁、我是谁"的问题，牢固树立人民是历史创造者的观点，自觉以最广大人民为服务对象和表现主体，在人民生产生活中进行美的发现和美的创造。生动展现人民创造历史的伟大进程，用现实主义精神和浪漫主义情怀观照现实生活，歌颂光明、抒发理想，鞭挞丑恶、抵制低俗，给人民信心和力量。紧跟时代发展，把握人民对文艺作品质量、品位、风格等的期盼，创作生产更多人民喜闻乐见的优秀作品，推动人民精神文化生活不断迈上新台阶。

5．深入生活、扎根人民。生活是文艺创作的源头活水，人民是文艺工作者的衣食父母。大力倡导文艺工作者深入生活、扎根人民，虚心向人民学习、向实践学习，不断进行生活的积累和艺术的提炼。制定支持文艺工作者长期深入生活的经济政策，健全长效保障机制，为他们蹲点生活、挂职锻炼、采风创作提供必要的工作条件和成果展示平台。完善激励机制，把深入生活纳入文艺单位目标管理和领导班子业绩考核，作为文艺工作者业务考核、职称评定、表彰奖励的重要依据。发挥知名作家艺术家的带头作用，使深入生活、扎根人民在文艺界蔚然成风。

6. 面向基层、服务群众。坚持重心下移，把各种文艺惠民措施纳入公共文化服务体系建设规划，推行菜单式服务，以实效为标准，提升质量和水平。创新形式、持续开展"文化进万家"、"送欢乐下基层"、"心连心"、文化艺术志愿服务、农村电影放映、全民阅读等活动，深入推进服务农民、服务基层文化建设先进集体创建活动。组织实施基层群众文化建设工程，发挥农家书屋、社区书屋效用，落实乡镇文化站职能，在编制总量内健全社区文化中心专兼职岗位，落实国家规定的工资待遇政策。促进"送文化"与群众需求有效对接，加大政府对面向基层文艺产品和服务的购买力度。建立"结对子、种文化"工作机制，组织专业文艺工作者到基层教、学、帮、带。实施农村中小学艺术教育计划，鼓励艺术院校毕业生到农村中小学任教。

7. 激发人民创造活力、繁荣群众文艺。充分尊重人民群众的主体地位和首创精神，使蕴藏于群众中的创造活力充分迸发。制定繁荣群众文艺发展规划，健全群众文艺工作网络，发挥好基层文联、作协、文化馆（站）、群艺馆在群众文艺创作中的引领作用，壮大民间文艺力量。完善群众文艺扶持机制，扶持引导业余文艺社团、民营剧团、演出队、老年大学以及青少年文艺群体、网络文艺社群、社区和企业文艺骨干、乡土文化能人等广泛开展创作活动，创新载体形式，展示群众文艺创作优秀成果。提高社区文化、村镇文化、企业文化、校园文化、军营文化、网络文化建设水平，培育积极健康、多姿多彩的文化形态，引导群众在参与中自我表现、自我教育、自我服务。普及文艺知识，培养文艺爱好，提高全民文化素养。鼓励群众文艺与旅游、体育等相关产业相结合。

8．建立经得起人民检验的评价标准。评价文艺作品，要以最广大人民的根本利益为出发点和落脚点，坚持把社会效益放在首位，努力实现社会效益和经济效益、社会价值和市场价值相统一，绝不让文艺成为市场的奴隶。建立健全反映文艺作品质量的综合评价体系，完善影视剧、文艺演出、美术和文艺类出版物等创作生产出版的立项、采购、评审标准，完善文艺作品推介传播等环节的评估标准，把票房收入、收视率、收听率、点击率、发行量等量化指标，与专家评价和群众认可统一起来，推动文艺健康发展。把服务群众和引领群众结合起来，既满足人民多样化精神文化需求，又加强引导、克服浮躁，讲品位、讲格调，坚决抵制趋利媚俗之风。

三、让中国精神成为社会主义文艺的灵魂

9．聚焦中国梦的时代主题。实现中华民族伟大复兴的中国梦，是当代文艺创作的鲜明主题。深入开展中国梦主题文艺创作活动，生动反映改革开放和社会主义现代化建设的伟大实践，全面展示中国特色社会主义发展前景，着力书写

人们寻梦的理想和追梦的奋斗，汇聚起同心共筑中国梦的强大精神力量。不断丰富拓展中国梦的表现内容，既讲好国家民族宏大故事，又讲好百姓身边日常故事，用生动的艺术形象和叙事体现中国梦的丰富内涵，见人、见事、见精神。

10. 培育和弘扬社会主义核心价值观。社会主义核心价值观是中国精神的集中体现和时代表达。坚持以社会主义核心价值观引领文艺创作生产，实现核心价值观的全方位贯穿、深层次融入，通过精彩的故事、鲜活的语言、丰满的形象，使核心价值观生动活泼、活灵活现地体现在文艺作品中，潜移默化、滋养人心，让人们在文化熏陶中感悟认同社会主流价值。运用各种形式，艺术展现党史国史上的重大事件、重要人物，让光辉业绩、革命传统一代一代传承光大。大力支持文艺单位和作家艺术家从社会生活、当代人物中挖掘题材，讴歌真善美，贬斥假恶丑，彰显信仰之美、崇高之美，引导人们向往和追求讲道德、尊道德、守道德的生活。文学、艺术、电影、出版等方面的基金、资金，重点支持传递向上向善价值观的青少年文艺创作和推广。

11. 唱响爱国主义主旋律。爱国主义是中国精神最深层、最根本的内容，也是文艺创作的永恒追求。坚持唯物史观，不管历史条件发生任何变化，凡是为中华民族作出历史贡献的英雄，都应得到尊敬、受到颂扬，被人民记忆、由文艺书写。组织和支持爱国主义题材文艺创作，大力讴歌民族英雄，倾诉家国情怀，弘扬集体主义精神，不断增强做中国人的骨气和底气。正确反映中华民族五千多年文明史、中国人民近代以来斗争史、中国共产党奋斗史、中华人民共和国发展史、当代中国改革开放史，生动反映各族人民维护祖国统一、海外儿女心向祖国的心路历程。旗帜鲜明反对历史虚无主义，抵制否定中华文明、破坏民族团结、歪曲党史国史、诋毁国家形象、丑化人民群众的言论和行为，反对以洋为尊、唯洋是从，引导人民树立和坚持正确的历史观、民族观、国家观、文化观，不断增强中国特色社会主义道路自信、理论自信、制度自信。拓展爱国主义题材的表现空间，不断丰富形式、创新手法，增强艺术魅力。充分运用重要纪念日、民族传统节日等时间节点，集中展映展播展示群众喜爱的爱国主义优秀作品，开展丰富多彩的群众性文化活动。

12.传承和弘扬中华优秀传统文化。中华优秀传统文化是中华民族的精神命脉，是我们屹立于世界文化之林的坚实根基。坚守中华文化立场，坚持古为今用、推陈出新，秉持客观科学礼敬的态度，努力实现创造性转化和创新性发展。弃其糟粕、取其精华，从传统文化中提炼符合当今时代需要的思想理念、道德规范、价值追求，赋予新意、创新形式，进行艺术转化和提升，创作更多具有中华文化底色、鲜明中国精神的文艺作品。实施中华文化传承工程，通过国民教育、民间传承、礼仪规范、政策引导和舆论宣传、文艺创作等各个方面，传承中华文化基因。做好古籍整理、经典出版、义理阐释、社会普及工作。加强对中华诗词、音乐舞蹈、书法绘画、曲艺杂技和历史文化纪录片、动画片、出版物等的扶持。发展民族民间艺术，保护和发掘我国少数民族文艺成果及资源，保护和传承非物质文化遗产。实施地方戏曲振兴计划，做好京剧"像音像"工作，挖掘整理优秀传统剧目，推进数字化保存和传播。推进基层国有文艺院团排练演出场所建设，政府采购戏曲项目，提供公共文化服务，推进戏曲进校园。扶持中华文化基因校园传承工作，建设一批中华优秀传统文化教育基地。

四、创作无愧于时代的优秀作品

13.把创作优秀作品作为中心环节。牢固树立精品意识，推出更多思想精深、艺术精湛、制作精良，体现时代文化成就、代表国家文化形象的文艺精品。组织实施中国当代文学艺术创作工程，科学编制现实题材、爱国主义题材、重大革命和历史题材、青少年题材等专项创作规划，优化创作生产平台，重点支持文学、影视剧、戏剧、音乐、美术等创作。提高组织化程度，集中力量、集聚资源，推出一批有筋骨、有道德、有温度、艺术震撼力强的大作力作，努力形成文艺创作生产的"高峰"。中央和地方设立文艺创作专项资金或基金，加大对创作生产的投入，加强对评论、宣传和推广的保障。发挥精神文明建设"五个一工程"等的示范导向作用，加大评奖成果的宣传展示。办好媒体文艺栏目节目，实施中国文艺原创精品出版项目。

14.把创新精神贯穿创作生产全过程。坚持思想性、艺术性相统一，坚持内容为王、创意致胜，提高文艺原创能力，在探索中突破超越，在融合中出新出彩，着力增强文艺作品的吸引力、感染力。重点扶持文学、剧本、作曲等原创性、基础性环节，注重富有个性化的创造，避免过多过滥的重复改编。把继承创新和交流借鉴统一起来，深入挖掘和提炼优秀传统文化中的有益思想艺术价值，积极吸收各国优秀文化成果，使文艺更加符合时代进步潮流，更好引领社会风尚。推动文艺与新技术、新业态、新模式、新媒体有机融合，以数字化技术为先导，积极推动文艺创作生产方式的变革和进步，丰富创作手段，拓展艺术空间，不断增强艺术表现力、核心竞争力。

15. 高度重视和切实加强文艺理论和评论工作。坚持以马克思主义为指导，继承中国传统文艺理论评论优秀遗产，批判借鉴外国文艺理论，研究梳理、弘扬创新中华美学精神，推动美德、美学、美文相结合，展现当代中国审美风范。实施马克思主义文艺理论与评论建设工程，深入研究中国特色社会主义文艺理论，编好用好马克思主义文艺理论教材，把马克思主义中国化最新成果贯穿到课堂教学和文艺评论实践各环节。扶持重点文艺评论力量，发挥好各级文艺评论组织、研究机构、高等学校的积极作用。办好重点文艺评论报刊、网站和栏目，丰富表达形式，拓展传播途径。坚持运用历史的、人民的、艺术的、美学的观点评判和鉴赏作品，褒优贬劣、激浊扬清。

16. 大力发展网络文艺。网络文艺充满活力，发展潜力巨大。坚持"重在建设和发展、管理、引导并重"的方针，实施网络文艺精品创作和传播计划，鼓励推出优秀网络原创作品，推动网络文学、网络音乐、网络剧、微电影、网络演出、网络动漫等新兴文艺类型繁荣有序发展，促进传统文艺与网络文艺创新性融合，鼓励作家艺术家积极运用网络创作传播优秀作品。充分发挥新媒体的独特优势，把握传播规律，加强重点文艺网站建设，善于运用微博、微信、移动客户端等载体，促进优秀作品多渠道传输、多平台展示、多终端推送。加强内容管理，创新管理方式，规范传播秩序，让正能量引领网络文艺发展。

17．加强文艺阵地建设。进一步加强领导、加强规划、加大投入，充分发挥报纸、期刊、电台、电视台、网络媒体、图书音像电子出版物的积极作用，建好用好剧场、电影院、文化馆（站）、群艺馆、美术馆、工人文化宫、文化广场、基层综合性文化服务中心等各类文艺阵地。因地制宜、因时制宜，采用群众喜闻乐见的方式，举办各种展映展播展演展览和品读鉴赏传唱活动，让优秀文艺作品走进基层群众特别是广大青少年。切实增强政治意识、责任意识、阵地意识，按照谁主管谁负责和属地管理原则，加强对各类文艺阵地的管理，做到守土有责、守土负责、守土尽责，绝不给错误文艺思潮和不良文艺作品提供传播渠道。

18．推动优秀文艺作品走出去。运用文艺形式讲好中国故事、展示中国魅力，是树立当代中国良好形象、提升国家文化软实力的重要战略任务。深入挖掘博大精深的传统文化、多姿多彩的民族文化、昂扬向上的红色文化、充满生机的当代文化，创作生产符合对外传播规律、易于让国外受众接受的优秀作品，不断增强中国文艺的吸引力感召力。加强统筹指导，完善协调机制，把实施丝绸之路文化项目、丝绸之路影视桥、丝路书香等项目纳入国家"一带一路"战略，制定文化交流合作专项计划。实施中国当代作品翻译工程，遴选具有代表性的中国当代文艺作品，进行多语种翻译、出版、播映、展示。充分利用国内和国际、政府和民间多种对外交流渠道和活动平台，把文艺走出去纳入人文交流机制，向世界推介我国优秀文艺作品。

五、建设德艺双馨的文艺队伍

19．加强思想道德建设。文艺工作者是灵魂的工程师，必须把思想道德建设放在首位。深化马克思主义文艺观学习教育，引导文艺工作者成为党的文艺方针政策的拥护者、践行者，成为时代风气的先行者、先倡者。深化社会主义核心价值观学习教育，引导文艺工作者打牢世界观、人生观、价值观的根底，明确是非、善恶、美丑的界限，摒弃低俗、庸俗、媚俗现象，弘扬公德良序，树立新风正气。组织开展"做人民喜爱的文艺工作者"活动，引导文艺工作者牢记文化担当和社会责任，不断提高学养、涵养、修养。广泛开展职业道德职业精神教育，引导文艺工作者自觉遵守《中国文艺工作者职业道德公约》，处理好义利关系，反对拜金主义、享乐主义、极端个人主义，秉持职业操守，树立良好形象。

20．培养造就文艺领军人物和高素质文艺人才。着眼于培养大批有影响的各领域文艺领军人物，造就大批人民喜爱的名家大师和民族文化代表人物，深入实施文化名家暨"四个一批"人才工程，进一步加大文艺名家资助扶持、宣传推介力度，实施好国家"千人计划"、"万人计划"文化艺术人才项目，加大国内文化艺术领军人才和青年拔尖人才培养支持力度。加强马克思主义文艺理论评论队伍建设，实施文艺理论评论队伍培养计划。做好各类文艺人才培训工作，实施基层文化队伍培训计划、民族地区文艺人才培养计划。加强和改进专业艺术教育工作，优化专业结构，提高教学质量。落实重大文化项目首席专家制度，完善文艺人才职称职务评聘措施和办法，支持特殊专业艺术人才的学历、职称认定。

21．做好新的文艺组织和文艺群体工作。新的文艺组织和文艺群体已经成为文化艺术领域的有生力量。要扩大工作覆盖面，延伸联系手臂，完善工作机制，创新组织方式，做好团结、引导、服务工作，发挥好新的文艺组织和文艺群体在繁荣发展社会主义文艺中的积极作用。各级宣传、文化、新闻出版广电部门和文联、作协，要在项目申报、教育培训、展演展示、评比奖励等方面创造条件，在发展会员、职称评定等方面提供便利。文化园区、新的文艺群体聚居区所在县（区）以及街道、乡镇党委和政府要切实加强管理和服务。

六、加强和改进党对文艺工作的领导

22．党的领导是文艺繁荣发展的根本保证。各级党委要从建设社会主义文化强国、提升党的执政能力的战略高度，增强文化自觉和文化自信，准确把握党性和人民性、政治立场和创作自由的关系，把文艺工作纳入重要议事日程，加强宏观指导，把好文艺方向，提高创作生产的组织化程度，防止把文艺创作生产完全交由市场调节的倾向。各级政府要把文艺事业纳入经济社会发展总体规划，纳入考核评价体系，落实中央支持文艺发展的政策，制定本地支持文艺发展具体措施，不断加大文艺事业投入力度。各级党委宣传部门要发挥统筹指导作用，充分调动各方面力量做好文艺工作，形成党委统一领导，宣传部门牵头抓总，文化、教育、新闻出版广电、文联、作协等部门和团体协同推进，社会各方面积极参与的文艺工作新格局。选优配强文艺单位领导班子，把那些德才兼备、熟悉文艺工作规律、能同文艺工作者打成一片的干部充实到领导岗位上来。推动文艺界廉政建设，加强纪律，反对腐败，改进作风。

23．营造繁荣发展文艺的良好环境。尊重文艺人才，尊重文艺创造，落实国家荣誉制度，对成就卓著的文艺工作者授予国家荣誉称号。加大对优秀文艺人才、文艺作品的宣传力度，使优秀作家艺术家专业上有权威、社会上受尊重。做好中青年德艺双馨文艺工作者评选表彰工作。大力支持文艺工作者干事创业，诚心诚意同他们交朋友、为他们办实事。改革和完善有利于文艺繁荣发展的酬劳和奖励办法。尊重和遵循文艺规律，发扬学术民主和艺术民主，提倡不同观点和学派充分讨论，提倡题材、体裁、形式、手段充分发展，推动观念、内容、风格、流派积极创新，形成创新精神和创造活力竞相迸发、文艺精品和文艺人才不断涌现的生动局面。

24．不断深化改革、完善体制机制。贯彻落实全面深化改革的要求，扎实推进文化事业单位改革，建立健全有利于出作品、出人才的体制机制。发挥骨干文化企业和小微文化企业等各种市场主体作用，运用市场机制，调动作家艺术家积极性，推动多出优秀作品。落实和完善对文化单位的配套改革政策，支持他们做大做强，助推文化产业成为支柱性产业。进一步完善各项文艺扶持政策，加大对国有文艺院团改革发展的扶持，加大对文学艺术重点报刊、重点网络文学网站的扶持。把面向基层的公益性文化活动、重大文艺项目纳入公共财政预算。用好各类专项资金和基金，把握方向，突出重点，向弘扬中国梦、弘扬社会主义核心价值观、弘扬中华优秀传统文化等方面的文艺创作倾斜。坚持政府引导和市场调节两轮驱动，创新资金投入方式，健全政府采购、项目补贴、贷款贴息、捐资激励等制度，落实公益性捐赠税前扣除等措施，鼓励和引导社会力量参与文艺创作生产和公益性文化活动，逐步建立健全文艺创作生产资助体系。加强各级各类学校艺术教育，推动学校与社会艺术教育资源和设施共建共享，提高青少年的艺术素养。修订、制定促进和保障文艺繁荣发展的法律法规。依法管理文化市场，深化文化市场综合行政执法改革，加强文化市场执法，深入开展"扫黄打非"，进一步提高依法行政水平。加强知识产权保护，维护文艺工作者和文艺机构合法权益。加强和改进文艺评奖管理，严格评奖标准，既看作品也重人品，切实提高评奖公信力和影响力。

25.充分发挥文联、作协等人民团体作用。文联、作协是党和政府联系广大文艺工作者的桥梁和纽带。各级党委和政府要加大对文联、作协的支持保障力度，切实支持其履行团结引导、联络协调、服务管理、自律维权职能，在行业建设中发挥主导作用。文联、作协要改革创新、增强活力，改进工作机制和方法手段，改进工作作风，避免机关化、脱离群众现象，真正成为文艺工作者之家，更好地团结凝聚广大文艺工作者，充分调动一切积极因素，为繁荣发展社会主义文艺、建设社会主义文化强国作贡献。

关于全国性文艺评奖制度改革的意见

中共中央办公厅 国务院办公厅

（新华社2015年12月28日电）

为贯彻党的十八大和十八届三中、四中全会精神，落实文艺工作座谈会精神，促进优秀文艺作品创作生产传播，现就全国性文艺评奖制度改革提出如下意见。

一、充分认识全国性文艺评奖制度改革的重要意义

1. 文艺评奖是推动多出精品、多出人才，促进社会主义文艺繁荣发展的重要手段。近年来，全国性文艺评奖坚持正确导向、发挥激励作用，在繁荣文艺创作生产、丰富社会文化生活、弘扬社会主义核心价值观等方面，发挥了重要作用。同时，随着形势发展，文艺评奖也出现了一些不容忽视的问题：评奖过多过滥、奖项重复交叉，标准不尽科学、程序不尽规范、监督机制不尽完善，出现个别作品脱离群众、只为评奖而创作的现象等。这些问题，对文艺繁荣发展产生不利影响，容易助长不正之风，必须引起高度重视，采取切实措施加以改进。要从坚持社会主义文艺正确方向、为实现中华民族伟大复兴中国梦提供强大精神力量的高度，深刻认识全国性文艺评奖制度改革的重要意义，切实增强责任感和紧迫感，坚定不移地把这项改革推向深入。

二、全国性文艺评奖制度改革的指导思想、基本原则和总体目标

2．指导思想和基本原则。深入贯彻党的十八大和十八届三中、四中全会精神，以邓小平理论、"三个代表"重要思想、科学发展观为指导，学习贯彻习近平总书记系列重要讲话精神，坚持"二为"方向和"双百"方针，坚持以人民为中心的创作导向。坚持唱响主旋律、传递正能量，大力弘扬社会主义核心价值观；坚持思想性、艺术性有机统一，推动创作更多无愧于时代的优秀作品；坚持尊重和遵循文艺规律，尊重作家艺术家的创造性劳动；坚持把社会效益放在首位，努力实现社会效益和经济效益、社会价值和市场价值有机统一；坚持公平公正公开，严格标准、严格程序，提高公信力和权威性。

3．总体目标。通过改革，使奖项设置更加科学，评奖数量更加合理，评奖标准更加严格，评奖程序更加规范，监督保障措施更加完善，品牌效应更加凸显，对文艺工作者的激励更加有力，对创作生产的导向更加鲜明，推出更多人民群众喜爱的优秀作品和优秀人才。

三、明确全国性文艺评奖的举办主体

4．全国性文艺评奖是指在全国范围内对文艺领域的人物、作品进行的评奖活动，包括跨省、自治区、直辖市的各类文艺评奖活动，冠以"全国""中国""中华"等名称的文艺评奖活动，以及在境内举办的冠以"国际""全球""华语地区"等名称的文艺评奖活动。全国性文艺评奖分常设性和非常设性两类。

5．中央宣传部、中央网信办、文化部、新闻出版广电总局、中国文联、中国作协等，可举办常设全国性文艺评奖。上述部门或省、自治区、直辖市党委和政府，经党和国家荣誉表彰工作机构审定，可在节庆活动中举办常设全国性文艺评奖。中央新闻单位可举办非常设全国性文艺评奖。

四、完善全国性文艺评奖的标准和审批

6．完善科学合理的评价标准。按照思想精深、艺术精湛、制作精良的标准评价作品，把群众评价和专家评议与上座率、收视率、收听率、点击率、发行量等有机统一起来，把深入基层、受到群众欢迎作为重要依据，建立能够反映文艺作品综合质量的评价体系。按照德艺双馨的要求，把社会声誉和艺术成就作为参评的前提条件，向深入生活、扎根人民的文艺工作者倾斜，严禁有劣迹的从业人员及其作品参评。

7．具有举办资格的单位举办常设全国性文艺评奖，按程序报请党和国家荣誉表彰工作机构依照有关规定审批。中央新闻单位主办非常设全国性文艺评奖，采取一事一报，由中央宣传部负责审核和管理。

8．申请举办全国性文艺评奖，应当在举办评奖前向党和国家荣誉表彰工作机构提交申请书，申请书应当载明下列内容：

（1）评奖项目名称，主办单位名称、地址；

（2）申请评奖项目的理由依据；

（3）评奖范围、评选条件、活动周期；

（4）所设子项名称、评奖数量；

（5）评奖章程、评委数量及结构；

（6）奖励办法、经费来源；

（7）评奖活动主要负责人的姓名及联系方式；

（8）其他需要载明的事项。

五、压缩全国性文艺评奖的奖项和数量

9．20项常设全国性文艺评奖，压缩1项，保留19项（保留的具体评奖项目由中央宣传部另行发文通知）。保留的19项评奖，大幅压缩子项和评奖数量，着力提高质量。

10．从严审批节庆活动设立文艺评奖申请。对已经批准的节庆活动中设立的跨省、自治区、直辖市或跨境的各类文艺评奖进行清理压缩，奖项数由32项压缩为4项（保留的具体评奖项目由中央宣传部另行发文通知）。继续举办的评奖，评奖数量做大幅度压缩。压缩了评奖的节庆活动，要充分发挥文艺评论的作用。通过召开作品研讨会、评议会，充分听取群众意见，加大权威发布力度。今后节庆活动中的全国性文艺评奖实行总量控制，一般不新增。

11．严格评奖项目设置管理。全国性文艺评奖，原则上只能设置二级子项。子项变更需报批。严禁自行增加子项或扩展到三级分项。

六、加强对社会组织、学校、研究机构以及企业等举办全国性文艺评奖的管理

12．社会组织未按规定程序获得批准，不得举办全国性文艺评奖。社会组织的业务主管单位，要履行监督管理职责。社会组织应当在年度检查中向登记管理机关和业务主管单位报告举办全国性文艺评奖的情况，接受检查。

13．学校和研究机构未经批准，不得举办全国性文艺评奖。教育和相关行政管理部门要履行监督管理职责，对已经设立的相关项目予以规范和清理。

14．报刊、出版单位和网站未经批准，不得举办全国性文艺评奖。网信和新闻出版管理部门及相关主管主办单位要履行监督管理职责，对已经设立的相关项目予以规范和清理。

15．严禁各类企业以各种名目举办全国性文艺评奖。

七、健全评审机制

16．坚持正确导向，参评作品应体现社会主义核心价值观的要求，体现民族精神和时代精神；弘扬中华民族伟大复兴中国梦，传承中华优秀传统文化；反映人民主体地位和现实生活，讲述中国故事；弘扬真善美、凝聚正能量，发挥塑造美好心灵、陶冶道德情操、引领社会风尚的作用。

17．保持评奖规则和章程的相对稳定性，规范评奖的报送、评选、公示等程序，增强评奖透明度。

18．完善评委结构，坚持专家评委和群众评委相结合，注重评委的代表性和权威性，严格落实评委遴选、轮

换、回避与保密等制度。

19.严格评奖纪律，评审机构及其工作人员要廉洁自律，确保评奖风清气正。

八、加强监督检查

20．加强社会监督。健全群众监督机制，充分听取社会各方面意见，评奖规则和评奖结果要向社会公示。对群众反映的涉及党员干部违纪问题线索，及时移送纪检监察机关处理。

21．加强舆论监督。新闻媒体对违规举办的全国性文艺评奖，以及评奖中的不正之风，要及时给予曝光、批评。对未经批准的文艺评奖，不得宣传报道。

22．加强督促检查。定期对全国性文艺评奖开展情况进行督导检查，对不符合规定的给予通报、责令整改。中央宣传、网信、文化、新闻出版广电、文联、作协等部门和各省、自治区、直辖市要按照谁主办、谁管理的原则，及时发现问题、及时纠正。纪检监察机关、审计等部门要加强监督检查工作，纠正不正之风。

九、提供支持保障

23．加强文艺评奖经费保障。党的机关、行政机关、人民团体举办的全国性文艺评奖，所需经费按现行资金渠道解决，纳入财政预算管理。财政补助事业单位举办的全国性文艺评奖，所需经费由单位自有资金解决，财政可根据具体情况予以补助。其他单位举办的全国性文艺评奖，所需经费由单位自有资金解决。所有评奖一律不准向参评者收取报名费、参评费和任何形式的赞助，以保持文艺评奖的独立性和公正性。

24. 加强评奖成果的宣传推广。通过各类媒体加大对评奖成果的宣传展示。组织获奖文艺作品展映、展播、展演、展示。把获奖优秀作品纳入政府采购和公共文化服务范围。

十、抓好贯彻落实

25. 加强组织领导。中央和国家机关有关部门及各省、自治区、直辖市要高度重视，把全国性文艺评奖制度改革纳入议事日程，专题研究，给予指导和支持，切实抓紧抓好。

26. 本意见施行前经批准设立的全国性文艺评奖，应当自本意见施行之日起，依照本意见重新办理审批手续。各省、自治区、直辖市对本地区举办的评奖活动，可以参照本意见的规定制定具体管理办法。

27. 本意见自2015年11月1日起施行。

关于加快构建现代公共文化服务体系的意见

中共中央办公厅　国务院办公厅

（新华社2015年1月14日电）

近年来，在党中央、国务院高度重视下，我国公共文化建设投入稳步增长，覆盖城乡的公共文化服务设施网络基本建立，公共文化服务效能明显提高，人民群众精神文化生活不断改善，公共文化服务体系建设取得显著成效，呈现出整体推进、重点突破、全面提升的良好发展态势。但是，与当前经济社会发展水平和人民群众日益增长的精神文化需求相比，与基本建成公共文化服务体系的目标要求相比，公共文化服务体系建设水平仍然有待提高。在新的形势下，构建现代公共文化服务体系，是保障和改善民生的重要举措，是全面深化文化体制改革、促进文化事业繁荣发展的必然要求，是弘扬社会主义核心价值观、建设社会主义文化强国的重大任务。为贯彻党的十八届三中全会审议通过的《中共中央关于全面深化改革若干重大问题的决定》的有关要求，加快构建现代公共文化服务体系，现提出如下意见。

一、总体要求

（一）指导思想。以邓小平理论、"三个代表"重要思想、科学发展观为指导，贯彻落实党的十八大和十八届三中、四中全会精神，贯彻落实习近平总书记系列重要讲话精神，按照全面建成小康社会的总体要求，牢固树立以人民为中心的工作导向，以改革创新为动力，以基层为重点，构建体现时代发展趋势、适应社会主义初级阶段基本国情和市场经济要求、符合文化发展规律、具有中国特色的现代公共文化服务体系，促进基本公共文化服务标准化、均等化，推动社会主义文化大发展大繁荣，提高全民族文化素质，增强民族凝聚力，为实现中华民族伟大复兴中国梦提供强大的精神动力和文化支撑。

（二）基本原则

坚持正确导向。以人民为中心，以社会主义核心价值观为引领，发展先进文化，创新传统文化，扶持通俗文化，引导流行文化，改造落后文化，抵制有害文化，巩固基层文化阵地，促进在全社会形成积极向上的精神追求和健康文明的生活方式。

坚持政府主导。从基本国情出发，认真研究人民群众的精神文化需求，因地制宜，科学规划，分类指导，按照一定标准推动实现基本公共文化服务均等化，切实保障人民群众基本文化权益，促进实现社会公平。

坚持社会参与。简政放权，减少行政审批项目，引入市场机制，激发各类社会主体参与公共文化服务的积极性，提供多样化的产品和服务，增强发展活力，积极培育和引导群众文化消费需求。

坚持共建共享。加强统筹管理，建立协同机制，明确责任，优化配置各方资源，做到物尽其用、人尽其才，发挥整体优势，提升综合效益。

坚持改革创新。加快转变政府职能，完善管理体制机制，创新公共文化服务内容和形式，促进文化与科技深度融合，推动文化事业和文化产业协调发展。

（三）主要目标。到2020年，基本建成覆盖城乡、便捷高效、保基本、促公平的现代公共文化服务体系。公共文化设施网络全面覆盖、互联互通，公共文化服务的内容和手段更加丰富，服务质量显著提升，公共文化管理、运行和保障机制进一步完善，政府、市场、社会共同参与公共文化服务体系建设的格局逐步形成，人民群众基本文化权益得到更好保障，基本公共文化服务均等化水平稳步提高。

二、统筹推进公共文化服务均衡发展

（四）促进城乡基本公共文化服务均等化。把城乡基本公共文化服务均等化纳入国民经济和社会发展总体规划及城乡规划。根据城镇化发展趋势和城乡常住人口变化，统筹城乡公共文化设施布局、服务提供、队伍建设、资金保障，均衡配置公共文化资源。整合利用闲置学校等现有城乡公共设施，依托城乡社区综合服务设施，加强城市社区和农村文化设施建设。拓展重大文化惠民项目服务"三农"内容。加大对农村民间文化艺术的扶持力度，推进"三农"出版物出版发行、广播电视涉农节目制作和农村题材文艺作品创作。完善农家书屋出版物补充更新工作。统筹推进农村地区广播电视用户接收设备配备工作，鼓励建设农村广播电视维修服务网点。大力开展流动服务和数字服务，打通公共文化服务"最后一公里"。建立公共文化服务城乡联动机制。以县级文化馆、图书馆为中心推进总分馆制建设，加强对农家书屋的统筹管理，实现农村、城市社区公共文化服务资源整合和互联互通。推进城乡"结对子、种文化"，加强城市对农村文化建设的帮扶，形成常态化工作机制。

（五）推动革命老区、民族地区、边疆地区、贫困地区公共文化建设实现跨越式发展。与国家扶贫开发攻坚战略结合，编制老少边穷地区公共文化服务体系建设发展规划纲要。根据国家基本公共文化服务指导标准，明确老少边穷地区服务和资源缺口，按照精准扶贫的要求，以广播电视服务网络、数字文化服务、乡土人才培养、流动文化服务、农村留守妇女儿童文化帮扶等为重点，集中实施一批文化扶贫项目。落实对国家在贫困地区安排的公益性文化建设项目取消县以下（含县）及西部地区集中连片特困地区市地级配套资金的政策。加强边境地区基层公共文化设施建设。促进地区对口帮扶，加大人才交流和项目支援力度。深入实施边远贫困地区、边疆民族地区、革命老区人才文化工作者专项支持计划。支持老少边穷地区挖掘、开发、利用民族民间文化资源，充实公共文化服务内容。力争在较短时间内使老少边穷地区公共文化服务能力和水平有明显改善。

　　（六）保障特殊群体基本文化权益。将老年人、未成年人、残疾人、农民工、农村留守妇女儿童、生活困难群众作为公共文化服务的重点对象。积极开展面向老年人、未成年人的公益性文化艺术培训服务、演展和科技普及活动。开展学龄前儿童基础阅读促进工作和向中小学生推荐优秀出版物、影片、戏曲工作。指导互联网网站、互联网文化企业等开发制作有利于青少年身心健康的优秀作品。将中小学生定期参观博物馆、美术馆、纪念馆、科技馆纳入中小学教育教学活动计划。加强乡村学校少年宫建设。实施青少年体育活动促进计划。公共文化服务机构要为残疾人提供无障碍设施。实施盲文出版项目，开发视听读物，建设有声图书馆，鼓励和支持有条件的电视台增加手语节目或加配字幕。加强对残疾人文化艺术的扶持力度。加快将农民工文化建设纳入常住地公共文化服务体系，以公共文化机构、社区和用工企业为实施主体，满足农民工群体尤其是新生代农民工的基本文化需求。

　　（七）建立基本公共文化服务标准体系。以人民群众基本文化需求为导向，围绕看电视、听广播、读书看报、参加公共文化活动等群众基本文化权益，根据国家经济社会发展水平和供给能力，明确国家基本公共文化服务的内容、种类、数量和水平，以及应具备的公共文化服务基本条件和各级政府的保障责任，确立国家基本公共文化服务指导标准，明确政府保障底线，做到保障基本、统一规范。各地要根据国家指导标准，制定与当地经济社会发展水平相适应、具有地域特色的地方实施标准，逐步形成既有基本共性又有特色个性、上下衔接的标准指标体系。标准以县为基本单位推进落实。建立基本公共文化服务标准动态调整机制，根据经济社会的发展变化，适时调整提高具体指标。

（八）提升公共文化设施建设、管理和服务水平。健全公共文化设施布局、土地使用、建设规模、设计和施工规范以及技术要求等标准。按照城乡人口发展和分布，坚持均衡配置、严格预留、规模适当、功能优先、经济适用、节能环保的原则，合理规划建设各类公共文化设施。结合基层公共服务设施建设，制定村（社区）综合公共文化服务中心建设标准，充分利用现有城乡公共设施，统筹建设集宣传文化、党员教育、科技普及、普法教育、体育健身等多功能于一体的基层公共文化服务中心，配套建设群众文体活动场地。坚持设施建设和运行管理并重，健全公共文化设施运行管理和服务标准体系，规范各级各类公共文化机构服务项目和服务流程，完善内部管理制度，提高服务水平。

三、增强公共文化服务发展动力

（九）培育和促进文化消费。在公共文化服务体系建设中统筹考虑群众的基本文化需求和多样化文化需求，推动公共文化服务向优质服务转变，实现标准化和个性化服务的有机统一。广泛开展公益性文化艺术活动，培养健康向上的文艺爱好，扩大和提升文化消费需求。鼓励有条件的公共文化机构挖掘特色资源，加强文化创意产品研发，创新文化产品和服务内容。完善公益性演出补贴制度，通过票价补贴、剧场运营补贴等方式，支持艺术表演团体提供公益性演出。鼓励在商业演出和电影放映中安排低价场次或门票，鼓励出版适应群众购买能力的图书报刊，鼓励网络文化运营商开发更多低收费业务，推动经营性文化设施、非物质文化遗产传习场所和传统民俗文化活动场所等向公众提供优惠或免费的公益性文化服务。积极发展与公共文化服务相关联的教育培训、体育健身、演艺会展、旅游休闲等产业，引导和支持各类文化企业开发公共文化产品和服务，满足人民群众多层次的文化消费需求。

（十）鼓励和引导社会力量参与。进一步简政放权，减少行政审批项目，吸引社会资本投入公共文化领域。建立健全政府向社会力量购买公共文化服务机制。出台政府购买公共文化服务指导性意见和目录，将政府购买公共文化服务资金纳入财政预算。推广运用政府和社会资本合作等模式，促进公共文化服务提供主体和提供方式多元化。鼓励和支持社会力量通过投资或捐助设施设备、兴办实体、资助项目、赞助活动、提供产品和服务等方式参与公共文化服务体系建设。推动建立健全公开透明的社会捐赠管理制度。鼓励党政机关、国有企事业单位和学校的各类文体设施向社会免费或优惠开放。创新公共文化设施管理模式，有条件的地方可探索开展公共文化设施社会化运营试点，通过委托或招投标等方式吸引有实力的社会组织和企业参与公共文化设施的运营。

（十一）培育和规范文化类社会组织。加强对文化类行业协会、基金会、民办非企业单位等社会组织的引导、扶持和管理，促进规范有序发展。制定完善关于文化类社会组织的规章，明确功能定位。鼓励各类公共文化服务机构成立行业协会，发挥其在行业自律、行业管理、行业交流等方面的重要作用。加快推进文化行业协会与行政机关脱钩，将适合由社会组织提供的公共文化服务事项交由社会组织承担。引导文化类社会组织依法依规开展公共文化服务。加大政府向文化类社会组织购买服务力度。加强政府管理和社会监督，严格执行社会组织年检制度和信息公开制度，开展运营绩效评估和社会信用评估，实现依法管理、依法运营。

（十二）大力推进文化志愿服务。大力弘扬志愿服务精神，坚持志愿服务与政府服务、市场服务相衔接，奉献社会与自我发展相统一，社会倡导和自愿参与相结合，构建参与广泛、内容丰富、形式多样、机制健全的文化志愿服务体系。创新服务内容、工作方式和活动载体，探索具有地方或行业特色的文化志愿服务模式。完善文化志愿者注册招募、服务记录、管理评价和激励保障机制。动员组织专家学者、艺术家、优秀运动员等社会知名人士参加志愿服务，提高社会影响力。要建立"结对子、种文化"工作机制，推动专业艺术院团、体育运动队和艺术体育院校等到基层教、学、帮、带，建立志愿服务下基层制度。加强对文化志愿队伍的培训，提升文化志愿者的服务意识、服务能力和服务水平。

四、加强公共文化产品和服务供给

（十三）提升公共文化服务效能。完善公共文化设施免费开放的保障机制。深入推进公共图书馆、博物馆、文化馆、纪念馆、美术馆等免费开放工作，逐步将民族博物馆、行业博物馆纳入免费开放范围。推动科技馆、工人文化宫、妇女儿童活动中心以及青少年校外活动场所免费提供基本公共文化服务项目。建立群众文化需求反馈机制，及时准确了解和掌握群众文化需求，制定公共文化服务提供目录，开展"菜单式"、"订单式"服务。加强公共文化服务品牌建设，推动形成具有鲜明特色和社会影响力的服务项目。加大对跨部门、跨行业、跨地域公共文化资源的整合力度。以行业联盟等形式，开展馆际合作，推进公共文化机构互联互通，开展文化服务"一卡通"、公共文化巡展巡讲巡演等服务，实现区域文化共建共享。加强基层广播电视播出机构服务能力建设。充分利用广播、电视、网络双向互动功能，为各级政府部门便民服务提供窗口和平台。

（十四）丰富优秀公共文化产品供给。进一步发挥国家级评奖和艺术、出版等基金的引导带动作用，创作生产更多传播当代中国价值观念、体现中华文化精神、反映中国人审美追求，思想性、艺术性、观赏性有机统一的优秀文化产品。建立优秀传统文化传承和发展体系。加强戏曲等优秀文化艺术的普及推广工作。开展优秀文化遗产、高雅艺术进校园、进社区，推进送戏、送书、送电影下乡等项目和优秀出版物推荐活动。提高网络文化产品和服务供给能力，促进优秀传统文化瑰宝和当代文化精品网络传播。推动少数民族地区广播电视播出机构在推广国家通用语言文字的同时，开办少数民族语言的频率频道，提高少数民族语言节目译制、制作、播映和传输覆盖能力；继续实施少数民族新闻出版"东风工程"，加强少数民族文字及双语出版物的出版发行和少数民族语言文艺作品的创作；推进少数民族语言文字网站建设。加强知识产权审核和版权保护，防止侵权或盗版产品进入公共文化服务供给体系。大力发展公益广告，有效推广公益慈善理念。

（十五）活跃群众文化生活。深入开展全民阅读活动，推动全民阅读进家庭、进社区、进校园、进农村、进企业、进机关。积极开展全民艺术普及、全民健身、全民科普和群众性法治文化活动。实施基层特色文化品牌建设项目，以富有时代感的内容形式，吸引更多群众参与文化活动。引导广场文化活动健康、规范、有序开展。推进民间文化艺术之乡建设。以"我们的节日"为主题，组织开展群众性节日民俗活动；传承和发展民族民间传统体育，广泛开展形式多样的群众性体育活动。鼓励群众自办文化，支持成立各类群众文化团队。通过组织示范性展演等形式，为民间文化队伍提供展示交流的平台。推进红色文化、社区文化、乡土文化、校园文化、企业文化、军旅文化、家庭文化建设，培育积极健康、多姿多彩的社会文化形态。促进边疆少数民族地区和其他地区群众文化交往交流交融。加强群众性文化活动的国际交流，支持群众文化走出去，形成多层次的对外文化交流格局。

五、推进公共文化服务与科技融合发展

（十六）加大文化科技创新力度。围绕公共文化服

务体系建设的重大科技需求，发挥文化和科技相互促进的作用，结合中央财政科技计划（专项、基金等）管理改革要求，将公共文化科技创新纳入科技发展专项规划，深入实施国家文化科技创新工程。研究制定公共文化服务领域科技标准规范。开展文化专用装备、软件、系统的研发应用，推进公共文化服务创新手段、提高效能。加强科技成果转化应用，实施一批公共文化服务科技创新应用示范项目；支持公共文化机构、科研院所、高科技企业合作开展各类关键技术研究。依托国家公共文化服务体系建设示范区（项目）、高新技术园区和可持续发展实验区，开展公共文化服务与科技融合示范工作。

（十七）加快推进公共文化服务数字化建设。结合"宽带中国"、"智慧城市"等国家重大信息工程建设，加快推进公共文化机构数字化建设。统筹实施全国文化信息资源共享、数字图书馆博物馆建设、直播卫星广播电视公共服务、农村数字电影放映、数字农家书屋、城乡电子阅报屏建设等项目，构建标准统一、互联互通的公共数字文化服务网络，在基层实现共建共享。提高资源供给能力，科学规划公共数字文化资源建设，建设分布式资源库群，鼓励各地整合中华优秀文化资源，开发特色数字文化产品。支持数字版权公共服务平台建设，实现公共数字文化资源有效保护。加强公共文化大数据采集、存储和分析处理。加快推进数字文化资源在智能社区中的应用，实现"一站式"服务。

（十八）提升公共文化服务现代传播能力。着眼于形成与我国经济社会发展水平相称的传播能力，加快构建现代文化传播体系，保障信息传播的高效快捷和安全有序。灵活运用宽带互联网、移动互联网、广播电视网、卫星网络等手段，拓宽公共文化资源传输渠道。大力推进"三网融合"，促进高清电视、互动电视、交互式网络电视（IPTV）、手机电视等新业务发展，推广数字智能终端、移动终端等新型载体。推进数字出版，构建数字出版物传播平台。加强广播电视台、发射台（站）、监测台（站）建设，继续实施广播电视高山无线发射台站建设工程。积极推进有线电视网络建设和数字化双向化改造，加快推进直播卫星和地面数字电视覆盖建设，努力实现广播电视户户通。实施国家和地方应急广播工程，完善应急广播覆盖网络，打造基层政务信息发布、政策宣讲和灾害预警应急指挥平台。

六、创新公共文化管理体制和运行机制

（十九）建立公共文化服务体系建设协调机制。立足当前公共文化服务体系建设实际，完善党委领导、政府管理、部门协同、权责明确、统筹推进的公共文化服务体系建设管理制度。以国家公共文化服务体系建设协调组为平台，由文化部门牵头，充分发挥各部门职能作用和资源优势，在规划编制、政策衔接、标准制定和实施等方面加强统筹、整体设计、协调推进。各地要根据实际，建立相应的协调机制。推进国家公共文化服务体系示范区（项目）创建。发挥基层党委和政府作用，建立统一的基层公共文化服务平台，加强各类重大文化项目的统筹实施，探索整

合基层公共文化服务资源的方式和途径，实现共建共享，提升综合效益。

（二十）加大公益性文化事业单位改革力度。按照关于深化文化体制改革和推进事业单位分类改革的要求，理顺政府和公益性文化事业单位之间的关系，探索管办分离的有效形式。进一步落实公益性文化事业单位法人自主权，强化公共服务功能，增强发展活力，发挥公共文化服务骨干作用。全面推进人事制度、收入分配制度、社会保障、经费保障制度改革。创新运行机制，建立事业单位法人治理结构，推动公共图书馆、博物馆、文化馆、科技馆等组建理事会，吸纳有关方面代表、专业人士、各界群众参与管理，健全决策、执行和监督机制。完善年度报告和信息披露、公众监督等基本制度，加强规范管理。加强和改进公益性文化事业单位党组织建设，充分发挥基层党组织的战斗堡垒作用和共产党员的先锋模范作用。

（二十一）创新基层公共文化管理机制。发挥城乡基层群众性自治组织的作用，推动开展公共文化服务参与式管理，推广居民、村民评议等行之有效的做法，健全民意表达和监督机制，引导城市社区居民和村民参与公共文化服务项目规划、建设、管理和监督，维护群众的文化选择权、参与权和自主权。调动驻村（社区）单位、企业和社会组织等多方面力量，统筹资源，共同参与基层文化的管理和服务，形成多元联动格局。扎实推进社区文化志愿服务。推进将公共文化服务纳入基层社区服务网格进行管理，培育城乡社区互助文化，营造社区和谐环境。

（二十二）完善公共文化服务评价工作机制。以效能为导向，制定政府公共文化服务考核指标，作为考核评价领导班子和领导干部政绩的重要内容，纳入科学发展考核体系。建立公共文化机构绩效考评制度，考评结果作为确定预算、收入分配与负责人奖惩的重要依据。加强对重大文化项目资金使用、实施效果、服务效能等方面的监督和评估。完善服务质量监测体系，研究制定公众满意度指标，建立群众评价和反馈机制。探索建立公共文化服务第三方评价机制，增强公共文化服务评价的客观性和科学性。

七、加大公共文化服务保障力度

（二十三）加强组织领导。各有关部门和单位要进一步认识构建现代公共文化服务体系的重要意义，根据本意见的要求，结合"十三五"规划的编制，尽快制定完善相关配套政策，明确责任，统筹建设，协同推进，狠抓落实。地方各级党委和政府要将构建现代公共文化服务体系纳入本地区国民经济和社会发展总体规划，纳入重要议事日程，切实加强组织领导，并结合实际制定实施方案、规划或专项行动计划，明确责任和时间表、路线图，集中力量推进工作落实。做好宣传和舆论引导工作，形成全社会支持和参与现代公共文化服务体系建设的良好氛围。

（二十四）加大财税支持力度。合理划分各级政府基本公共文化服务支出责任，建立健全公共文化服务财政保障机制，按照基本公共文化服务标准，落实提供基本公共文化服务项目所必需的资金，保障公共文化服务体系建设和运行。进一步完善转移支付体制，加大中央财政和省级财政转移支付力度，重点向革命老区、民族地区、边疆地区、贫困地区倾斜，着力支持农村和城市社区基层公共文化服务设施建设，保障基层城乡居民公平享有基本公共文化服务。进一步拓展资金来源渠道，加大政府性基金与一般公共预算的统筹力度。创新公共文化服务投入方式，采取政府购买、项目补贴、定向资助、贷款贴息等政策措施，支持包括文化企业在内的社会各类文化机构参与提供公共文化服务。落实现行鼓励社会组织、机构和个人捐赠公益性文化事业所得税税前扣除政策规定。加强对公共文化服务资金管理使用情况的监督和审计，开展绩效评价。

（二十五）加强基层文化队伍建设。进一步完善选人用人机制，着力培养一批具有现代意识、创新意识的公共文化管理者和基层公共文化服务人才队伍。按照控制总量、盘活存量、优化结构、有减有增的要求，研究制定公共文化机构人员编制标准，并根据业务发展状况进行动态调整。对实行免费开放后工作量大量增加、现有机构编制难以满足工作需要的公益性文化事业单位，要结合实际和财力，合理增加机构编制。加强对农村文化队伍的管理和使用，在现有编制总量内，落实每个乡镇综合文化站（中心）编制配备不少于1至2名的要求，规模较大的乡镇适当增加。设立城乡基层公共文化服务岗位，配置由公共财政补贴的工作人员。将公共文化服务专业人才培养纳入国民教育体系。稳步推进基层公共文化服务队伍培训，建立培训上岗制度，全面提高从业人员素质。乡镇综合文化站（中心）从业人员应熟悉广播电视技术，具备组织群众文化活动等多方面的服务能力。完善基层公共文化服务人才激励和保障机制。加强基层乡土文化人才建设。发展壮大社会体育指导员队伍。

（二十六）建立健全公共文化服务法律体系。加快建立健全坚持社会主义先进文化前进方向、遵循文化发展规律、有利于激发文化创造力、保障人民基本文化权益的文化法律制度，依法保障公民的文化权利得到有效落实。加快出台公共文化服务保障法等相关法律法规，为现代公共文化服务体系建设提供法律支撑。加强公共文化立法与文化体制改革重大政策的衔接，加快制定地方性公共文化服务法律规范，提高公共文化服务领域法治化水平。

关于推动国有文化企业
把社会效益放在首位、实现社会效益
和经济效益相统一的指导意见

中共中央办公厅　国务院办公厅

（新华社2015年9月14日电）

为深入贯彻落实党的十八大和十八届三中、四中全会精神，推动国有文化企业把社会效益放在首位、实现社会效益和经济效益相统一，现提出如下指导意见。

一、重要意义

近年来，随着社会主义市场经济深入发展和文化体制改革不断深化，国有文化企业积极参与市场竞争，经营性文化事业单位规范进行转企改制，一大批图书出版、影视制作、文艺演出、电影院线、图书发行、有线电视网络等文化内容生产企业和文化信息传播企业迅速成长，文化精品不断涌现，文化服务更加活跃，有力促进了文化产业发展和文化市场繁荣，实现了社会效益和经济效益同步提升。同时也要看到，一些国有文化企业改革还没有到位，两个效益相统一的问题还没有很好地解决，片面追求经济效益、忽视社会效益现象时有出现；国有资本运行效率还不够高，内部经营管理问题比较多，知名文化企业和文化品牌比较少；相关体制机制和配套政策措施有待进一步完善，两个效益相统一的环境条件需要进一步优化。

文化企业提供精神产品，传播思想信息，担负文化传承使命，必须始终坚持把社会效益放在首位、实现社会效益和经济效益相统一。国有文化企业是发展文化产业、建设社会主义先进文化的重要力量，必须着力建立有文化特色的现代企业制度，充分发挥示范引领和表率带动作用，在推动两个效益相统一中走在前列。这是新形势下打造文化创新主体、满足群众精神文化需求、活跃文化市场的客观需要，是提升文化软实力、参与国际文化竞争、维护国家文化安全的必然选择。要进一步增强责任感、紧迫感和使命感，深化改革、创新发展，确保国有文化企业始终坚持正确文化立场，推出更多思想性艺术性观赏性俱佳的文化产品，提供更多有意义有品位有市场的文化服务，切实发挥文化引领风尚、教育人民、服务社会、推动发展的作用。

二、总体要求

全面贯彻党的十八大和十八届三中、四中全会精神，高举中国特色社会主义伟大旗帜，深入贯彻落实习近平总书记系列重要讲话精神，紧紧围绕"四个全面"战略布局，坚持党的领导，坚持中国特色社会主义文化发展道路，坚持以人民为中心的创作生产导向，遵循社会主义市场经济规律，遵循精神文明建设要求，遵循文化产品生产传播规律，以社会主义核心价值观为引领，在国有企业改革大框架下，充分体现文化例外要求，积极推进国有文化企业改革。以建立有文化特色的现代企业制度为重点，以落实和完善文化经济政策、强化国有文化资产监管为保障，建立健全确保国有文化企业把社会效益放在首位、实现社会效益和经济效益相统一的体制机制，打造一批具有核心竞争力的骨干文化企业，推动社会主义文化大发展大繁荣。

正确处理社会效益和经济效益、社会价值和市场价值的关系，当两个效益、两种价值发生矛盾时，经济效益服从社会效益、市场价值服从社会价值，越是深化改革、创新发展，越要把社会效益放在首位。正确处理文化的意识形态属性与产业属性、文化企业特点和现代企业制度要求的关系，把加强党的领导与完善公司治理统一起来，加强分类指导，创新资产组织形式和经营管理模式，建立健全把社会效益放在首位、实现社会效益和经济效益相统一的考核评价标准。正确处理党委、政府与国有文化企业的关系，统筹制度设计和政策配套，明确谁主管谁负责和属地管理，尊重企业法人主体地位和自主经营权，强化政策引导，严格依法监管，注重道德调节，坚守社会责任，把两个效益相统一的要求落到实处。

三、完善企业内部运行机制

明确把社会效益第一、社会价值优先的经营理念体现到企业章程和各项规章制度中，推动党委领导与法人治理结构相结合、内部激励和约束相结合，形成体现文化企业特点、符合现代企业制度要求的资产组织形式和经营管理模式。

科学设置企业内部组织结构。企业党委成员以双向进入、交叉任职的方式进入董事会、监事会和经营管理层，党委书记兼任董事长，切实履行内容导向管理第一责任人职责。党委、董事会、未设董事会的经理班子等决策机构要依据各自的职责、权限和议事规则，讨论决定涉及内容导向管理的重大事项及企业运营与发展的重大决策、重要人事任免、重大项目安排和大额度资金使用等事项。从事内容创作生产传播的文化企业，要建立和完善编辑委员会、艺术委员会等专门机构，强化总编辑等内容把关岗位的职责，对涉及内容导向问题的事项，具有否决权。党报党刊、电台电视台、通讯社、时政类报刊等新闻单位，可以依法依规开展有关经营活动，但必须做到事业与企业分开、采编与经营分开，禁止采编播人员与经营人员混岗。

深化企业内部劳动、人事和收入分配等制度改革。健全绩效考核办法，实行差异化考核，对直接涉及内容创作的部门和岗位，要以社会效益考核为主，收入分配和奖励也要适当予以倾斜。

四、推动企业做强做优做大

着力提高规模化集约化专业化水平，推动国有文化企业加快公司制股份制改造，转变发展方式，强化导向管理，全面提质增效，打造一批核心竞争力强的国有或国有控股骨干文化企业，使之成为文化市场的主导力量和文化产业的战略投资者。

　　坚持立足主业发展，形成内容优势和传播优势，扩大市场占有率和话语权。树立精品意识，完善引导激励机制，加强原创和现实题材创作，努力创作生产更多传播当代中国价值观念、体现中华文化精神、弘扬中华优秀传统文化、反映中国人民奋斗追求的优秀文化产品。健全传播网络，规范传播秩序，发展现代流通形式，加强市场营销，鼓励和引导文化消费，不断扩大优秀文化产品的覆盖面和影响力。加大核心技术研发攻关力度，建立健全相关标准规范、管理制度和技术手段，抢占文化科技融合发展制高点。扩大对外文化贸易和文化投资，提升国际传播能力，讲好中国故事，传播好中国声音。

　　明确股份制改造的范围、股权结构和管理要求。按规定已经转企的出版社、非时政类报刊出版单位、新闻网站等，实行国有独资或国有文化企业控股下的国有多元。在坚持出版权、播出权特许经营前提下，探索制作和出版、制作和播出分开。新闻媒体中的广告、印刷、发行、传输网络部分，可剥离进行转企改制，由国有资本绝对控股，利用市场资源和社会力量，为发展壮大新闻宣传主业服务。在新闻出版传媒领域探索实行特殊管理股制度，积极稳妥开展试点。

　　推进以资本为纽带进行联合、重组。鼓励符合条件的国有文化企业上市融资。推动出版、发行、影视、演艺集团交叉持股或进行跨地区跨行业跨所有制并购重组，突出内容建设，强化技术支撑。推动传统媒体与新兴媒体融合发展，强化互联网思维，实现跨媒体、全媒体发展。推动以党报党刊所属的非时政类报刊和实力雄厚的行业性报刊出版单位为龙头，整合本区域本行业报刊资源。推动党政部门逐步与所主管主办的出版社和非时政类报刊社等企业脱钩，可以整合资源组建出版传媒集团，由集团履行相应主管主办职责，也可以划转给相应符合条件的企业来主管主办，推动政企分开。

五、完善资产监管运营机制和评价考核机制

加强国有文化资产管理、有效行使出资人权利，是党委和政府加强对国有文化企业干部管理、导向管理的重要依据，是确保国有文化企业坚持把社会效益放在首位、实现社会效益和经济效益相统一的制度保障。必须坚持对重大事项的决策权、资产配置的控制权、宣传业务的终审权、主要领导干部的任免权，确保国有文化企业正确履行社会文化责任，确保国有文化资产保值增值。

建立党委和政府监管国有文化资产的管理机构。按照依法规范的要求，探索建立党委和政府监管有机结合、宣传部门有效主导的管理模式，推动实现管人管事管资产管导向相统一。各地可结合实际继续对本地国有文化资产监管模式进行改革探索，完善宣传部门有效监管的管理体制和工作机制。推动主管主办制度与出资人制度的有机衔接。

建立健全两个效益相统一的评价考核机制。研究制定文化企业国有资产监督管理办法，充分考虑不同类型国有文化企业的功能作用，明确社会效益指标考核权重应占50%以上，并将社会效益考核细化量化到政治导向、文化创作生产和服务、受众反应、社会影响、内部制度和队伍

建设等具体指标中，形成对社会效益的可量化、可核查要求；科学合理设置反映市场接受程度的经济考核指标，坚决反对唯票房、唯收视率、唯发行量、唯点击率。加强国有资本经营预算编制工作，确保国有资本保值增值，确保社会效益要求的落实。

强化国有文化资产监管运营。推进国有文化资本授权经营，统筹考虑两个效益相统一要求，形成国有文化资本流动重组、布局调整的有效平台，优化资本资源配置，推动国有文化企业增强实力、活力、抗风险能力，更好地发挥控制力、影响力。充分体现文化特点，制定文化企业无形资产评估指导意见。做好有关清产核资工作，完善和落实文化企业国有资产指定入场交易的具体办法。建立健全文化企业国有资本审计监督体系，建立健全资产损失责任追究制度。

六、发挥文化经济政策引导、激励和保障作用

文化经济政策是繁荣发展社会主义文化、确保两个效益相统一的重要保障，是扶持引导文化产业、培育规范文化市场的重要手段。必须着力落实和完善文化经济政策，保证国有文化企业合理经济效益、职工合理经济利益，引导国有文化企业自觉追求社会效益最大化，实现可持续发展。

进一步加大财政支持力度。完善政府采购和资助办法，积极有序推进政府向社会购买公共文化服务工作，进一步支持国有文化企业发展。完善各级文化产业发展专项资金使用管理，加大对社会效益突出的产业项目扶持力度。加大中央文化企业国有资本经营预算投入力度，探索

以国有资本金注入的方式推动企业兼并重组，培育国家级骨干文化企业。省属重点文化企业，经省级政府批准，2020年年底前可免缴国有资本收益。

创新财政资金使用方式。鼓励有条件的地方组建或改组国有文化资本投资公司，设立国有文化资本投资基金，发挥财政资金和国有资本的杠杆作用，带动社会资本参与，支持创新型企业和小微企业，更好地引导文化产业发展。

落实和完善税收优惠政策。继续执行推动经营性文化事业单位转制和文化企业发展的有关政策。按照财税体制改革的总体要求，统筹研究有利于文化内容创意生产、非物质文化遗产项目经营等方面的税收优惠政策。

七、健全企业干部人才管理制度

落实党管干部、党管人才原则，坚持德才兼备、以德为先的选人用人标准，强化担当意识、责任意识、奉献意识，着力打造讲政治、守纪律、会经营、善管理、有文化的国有文化企业干部人才队伍。

加强企业干部人才管理。统筹企业负责人管理、关键岗位管理、社会化人才管理，做好现行文化单位干部管理与现代企业制度有关要求的衔接，做好主管主办单位干部管理与出资人制度有关要求的衔接。各地省属文化企业省管干部，由省级宣传部门会同组织部门共同负责提名、考察与管理。逐步建立企业领导人员分类分层管理制度。加强对企业领导人员的日常管理，及时调整不胜任、不称职的领导人员。建立企业负责人述职述德述廉述法制度，合理确定并严格规范企业负责人履职待遇、业务支出，完善经济责任审计和离任审计制度。建立企业负责人履行社会效益责任追究制度，对工作不力的进行诫勉谈话、降低薪酬标准，直至解除职务。

建立具有文化企业特点的干部人才评价考核制度。落实国有企业负责人薪酬制度改革的有关要求，建立健全国有文化企业负责人经营业绩考核和薪酬管理办法，统筹考核社会效益、经营业绩、管理责任和薪酬标准。按照国家有关规定，开展国有控股上市文化公司股权激励试点。开展国有文化企业职业经理人制度试点，探索市场化选聘人才的办法。

八、加强企业党的建设和思想政治工作

加强和改进新形势下国有文化企业党建工作，充分发挥党组织的政治核心作用，加强职工思想政治工作，为推进国有文化企业把社会效益放在首位、实现社会效益和经济效益相统一提供坚强的思想保证、政治保证和组织保证。

加强基层党组织和党员队伍建设。建立健全企业党建工作机构，大型企业应设立专门的工作机构，中小型企业根据实际情况设立党群综合工作部门，根据企业实际需要确定专职政工干部的数量。积极吸收各方面人才特别是优秀青年入党，着力扩大党员在采编、创作等岗位的比例。落实党风廉政建设责任制，党委（党组）负主体责任，纪委（纪检组）负监督责任，严明纪律和规矩，经常性开展党风党纪教育，营造风清气正的从业环境。

加强企业文化建设。坚持把社会主义核心价值观的要求贯穿到企业生产经营管理各环节和全过程，内化为企业

精神和发展理念，提升干部群众思想道德素质和科学文化素质，增强企业内生动力。认真贯彻执行党的路线方针政策，模范遵守国家法律法规，依法经营、诚实守信，塑造国有文化企业良好形象。尊重职工主体地位，关注干部群众思想动态和利益诉求，帮助解决思想问题和实际问题。

九、加强组织领导

各地区各有关部门要高度重视，加强领导，强化措施，切实解决国有文化企业改革发展中的实际问题，做到始终坚持把社会效益放在首位、实现社会效益和经济效益相统一。要结合本地区本部门实际，抓紧制定具体实施意见，认真抓好落实。

进一步为文化企业坚持把社会效益放在首位、实现社会效益和经济效益相统一营造良好发展环境。加快推进文化法治建设，健全文化产品和服务评价体系，加强文化市场监管，加大知识产权保护力度，打击违法违规行为，抵制低俗之风。建立健全严格的市场退出机制，对内容导向存在严重问题或经营不善、已不具备基本生产经营条件的国有文化企业，坚决依法吊销、撤销有关行政许可，予以关停。探索建立国有文化企业社会责任报告制度，开展社会评议，建立健全行业自律制度。加强政策业务培训和人才培养，完善有关职业资格制度，提高从业人员素质。及时总结推广两个效益相统一的做法和经验。

严格工作纪律和要求。认真执行国家现行有关政策法规和行业管理规定，重大问题要及时请示报告，重大改革举措要严格按照有关要求和程序报批。

关于实施中华优秀传统文化
传承发展工程的意见

中共中央办公厅　国务院办公厅

（新华社2017年1月25日电）

文化是民族的血脉，是人民的精神家园。文化自信是更基本、更深层、更持久的力量。中华文化独一无二的理念、智慧、气度、神韵，增添了中国人民和中华民族内心深处的自信和自豪。为建设社会主义文化强国，增强国家文化软实力，实现中华民族伟大复兴的中国梦，现就实施中华优秀传统文化传承发展工程提出如下意见。

一、重要意义和总体要求

1．重要意义。中华文化源远流长、灿烂辉煌。在5000多年文明发展中孕育的中华优秀传统文化，积淀着中华民族最深沉的精神追求，代表着中华民族独特的精神标识，是中华民族生生不息、发展壮大的丰厚滋养，是中国特色社会主义植根的文化沃土，是当代中国发展的突出优势，对延续和发展中华文明、促进人类文明进步，发挥着重要作用。

中国共产党在领导人民进行革命、建设、改革伟大实践中，自觉肩负起传承发展中华优秀传统文化的历史责任，是中华优秀传统文化的忠实继承者、弘扬者和建设者。党的十八大以来，在以习近平同志为核心的党中央领导下，各级党委和政府更加自觉、更加主动推动中华优秀传统文化的传承与发展，开展了一系列富有创新、富有成效的工作，有力增强了中华优秀传统文化的凝聚力、影响力、创造力。同时要看到，随着我国经济社会深刻变革、对外开放日益扩大、互联网技术和新媒体快速发展，各种思想文化交流交融交锋更加频繁，迫切需要深化对中华优秀传统文化重要性的认识，进一步增强文化自觉和文化自信；迫切需要深入挖掘中华优秀传统文化价值内涵，进一步激发中华优秀传统文化的生机与活力；迫切需要加强政策支持，着力构建中华优秀传统文化传承发展体系。实施中华优秀传统文化传承发展工程，是建设社会主义文化强国的重大战略任务，对于传承中华文脉、全面提升人民群众文化素养、维护国家文化安全、增强国家文化软实力、推进国家治理体系和治理能力现代化，具有重要意义。

2．指导思想。高举中国特色社会主义伟大旗帜，全面贯彻党的十八大和十八届三中、四中、五中、六中全会精神，坚持以马克思列宁主义、毛泽东思想、邓小平理论、"三个代表"重要思想、科学发展观为指导，深入贯彻习近平总书记系列重要讲话精神和治国理政新理念新思想新战略，紧紧围绕实现中华民族伟大复兴的中国梦，深入贯彻新发展理念，坚持以人民为中心的工作导向，坚持以社会主义核心价值观为引领，坚持创造性转化、创新性发展，坚守中华文化立场、传承中华文化基因，不忘本来、吸收外来、面向未来，汲取中国智慧、弘扬中国精神、传播中国价值，不断增强中华优秀传统文化的生命力和影响力，创造中华文化新辉煌。

3.基本原则

——牢牢把握社会主义先进文化前进方向。坚持中国特色社会主义文化发展道路，立足于巩固马克思主义在意识形态领域的指导地位、巩固全党全国人民团结奋斗的共同思想基础，弘扬社会主义核心价值观，培育民族精神和时代精神，解决现实问题、助推社会发展。

——坚持以人民为中心的工作导向。坚持为了人民、依靠人民、共建共享，注重文化熏陶和实践养成，把跨越时空的思想理念、价值标准、审美风范转化为人们的精神追求和行为习惯，不断增强人民群众的文化参与感、获得感和认同感，形成向上向善的社会风尚。

——坚持创造性转化和创新性发展。坚持辩证唯物主义和历史唯物主义，秉持客观、科学、礼敬的态度，取其精华、去其糟粕，扬弃继承、转化创新，不复古泥古，不简单否定，不断赋予新的时代内涵和现代表达形式，不断补充、拓展、完善，使中华民族最基本的文化基因与当代文化相适应、与现代社会相协调。

——坚持交流互鉴、开放包容。以我为主、为我所用，取长补短、择善而从，既不简单拿来，也不盲目排外，吸收借鉴国外优秀文明成果，积极参与世界文化的对话交流，不断丰富和发展中华文化。

——坚持统筹协调、形成合力。加强党的领导，充分发挥政府主导作用和市场积极作用，鼓励和引导社会力量广泛参与，推动形成有利于传承发展中华优秀传统文化的体制机制和社会环境。

4．总体目标。到2025年，中华优秀传统文化传承发展体系基本形成，研究阐发、教育普及、保护传承、创新发展、传播交流等方面协同推进并取得重要成果，具有中国特色、中国风格、中国气派的文化产品更加丰富，文化自觉和文化自信显著增强，国家文化软实力的根基更为坚实，中华文化的国际影响力明显提升。

二、主要内容

5．核心思想理念。中华民族和中国人民在修齐治平、尊时守位、知常达变、开物成务、建功立业过程中培育和形成的基本思想理念，如革故鼎新、与时俱进的思想，脚踏实地、实事求是的思想，惠民利民、安民富民的思想，道法自然、天人合一的思想等，可以为人们认识和改造世界提供有益启迪，可以为治国理政提供有益借鉴。传承发展中华优秀传统文化，就要大力弘扬讲仁爱、重民本、守诚信、崇正义、尚和合、求大同等核心思想理念。

6．中华传统美德。中华优秀传统文化蕴含着丰富的道德理念和规范，如天下兴亡、匹夫有责的担当意识，精忠报国、振兴中华的爱国情怀，崇德向善、见贤思齐的社会风尚，孝悌忠信、礼义廉耻的荣辱观念，体现着评判是非曲直的价值标准，潜移默化地影响着中国人的行为方式。传承发展中华优秀传统文化，就要大力弘扬自强不息、敬业乐群、扶危济困、见义勇为、孝老爱亲等中华传统美德。

7．中华人文精神。中华优秀传统文化积淀着多样、珍贵的精神财富，如求同存异、和而不同的处世方法，文以载道、以文化人的教化思想，形神兼备、情景交融的美学追求，俭约自守、中和泰和的生活理念等，是中国人民思想观念、风俗习惯、生活方式、情感样式的集中表达，滋养了独特丰富的文学艺术、科学技术、人文学术，至今仍然具有深刻影响。传承发展中华优秀传统文化，就要大力弘扬有利于促进社会和谐、鼓励人们向上向善的思想文化内容。

三、重点任务

8．深入阐发文化精髓。加强中华文化研究阐释工作，深入研究阐释中华文化的历史渊源、发展脉络、基本走向，深刻阐明中华优秀传统文化是发展当代中国马克思主义的丰厚滋养，深刻阐明传承发展中华优秀传统文化是建设中国特色社会主义事业的实践之需，深刻阐明丰富多彩的多民族文化是中华文化的基本构成，深刻阐明中华文明是在与其他文明不断交流互鉴中丰富发展的，着力构建有中国底蕴、中国特色的思想体系、学术体系和话语体系。加强党史国史及相关档案编修，做好地方史志编纂工作，巩固中华文明探源成果，正确反映中华民族文明史，推出一批研究成果。实施中华文化资源普查工程，构建准确权威、开放共享的中华文化资源公共数据平台。建立国家文物登录制度。建设国家文献战略储备库、革命文物资源目录和大数据库。实施国家古籍保护工程，完善国家珍贵古籍名录和全国古籍重点保护单位评定制度，加强中华文化典籍整理编纂出版工作。完善非物质文化遗产、馆藏革命文物普查建档制度。

9. 贯穿国民教育始终。围绕立德树人根本任务，遵循学生认知规律和教育教学规律，按照一体化、分学段、有序推进的原则，把中华优秀传统文化全方位融入思想道德教育、文化知识教育、艺术体育教育、社会实践教育各环节，贯穿于启蒙教育、基础教育、职业教育、高等教育、继续教育各领域。以幼儿、小学、中学教材为重点，构建中华文化课程和教材体系。编写中华文化幼儿读物，开展"少年传承中华传统美德"系列教育活动，创作系列绘本、童谣、儿歌、动画等。修订中小学道德与法治、语文、历史等课程教材。推动高校开设中华优秀传统文化必修课，在哲学社会科学及相关学科专业和课程中增加中华优秀传统文化的内容。加强中华优秀传统文化相关学科建设，重视保护和发展具有重要文化价值和传承意义的"绝学"、冷门学科。推进职业院校民族文化传承与创新示范专业点建设。丰富拓展校园文化，推进戏曲、书法、高雅艺术、传统体育等进校园，实施中华经典诵读工程，开设中华文化公开课，抓好传统文化教育成果展示活动。研究制定国民语言教育大纲，开展好国民语言教育。加强面向全体教师的中华文化教育培训，全面提升师资队伍水平。

10．保护传承文化遗产。坚持保护为主、抢救第一、合理利用、加强管理的方针，做好文物保护工作，抢救保护濒危文物，实施馆藏文物修复计划，加强新型城镇化和新农村建设中的文物保护。加强历史文化名城名镇名村、历史文化街区、名人故居保护和城市特色风貌管理，实施中国传统村落保护工程，做好传统民居、历史建筑、革命文化纪念地、农业遗产、工业遗产保护工作。规划建设一批国家文化公园，成为中华文化重要标识。推进地名文化遗产保护。实施非物质文化遗产传承发展工程，进一步完善非物质文化遗产保护制度。实施传统工艺振兴计划。大力推广和规范使用国家通用语言文字，保护传承方言文化。开展少数民族特色文化保护工作，加强少数民族语言文字和经典文献的保护和传播，做好少数民族经典文献和汉族经典文献互译出版工作。实施中华民族音乐传承出版工程、中国民间文学大系出版工程。推动民族传统体育项目的整理研究和保护传承。

11．滋养文艺创作。善于从中华文化资源宝库中提炼题材、获取灵感、汲取养分，把中华优秀传统文化的有益思想、艺术价值与时代特点和要求相结合，运用丰富多样的艺术形式进行当代表达，推出一大批底蕴深厚、涵育人心的优秀文艺作品。科学编制重大革命和历史题材、现实题材、爱国主义题材、青少年题材等专项创作规划，提高创作生产组织化程度，彰显中华文化的精神内涵和审美风范。加强对中华诗词、音乐舞蹈、书法绘画、曲艺杂技和历史文化纪录片、动画片、出版物等的扶持。实施戏曲振兴工程，做好戏曲"像音像"工作，挖掘整理优秀传统剧目，推进数字化保存和传播。实施网络文艺创作传播计划，推动网络文学、网络音乐、网络剧、微电影等传承发展中华优秀传统文化。实施中国经典民间故事动漫创作工程、中华文化电视传播工程，组织创作生产一批传承中华文化基因、具有大众亲和力的动画片、纪录片和节目栏目。大力加强文艺评论，改革完善文艺评奖，建立有中国特色的文艺研究评论体系，倡导中华美学精神，推动美学、美德、美文相结合。

12．融入生产生活。注重实践与养成、需求与供给、形式与内容相结合，把中华优秀传统文化内涵更好更多地融入生产生活各方面。深入挖掘城市历史文化价值，提炼精选一批凸显文化特色的经典性元素和标志性符号，纳入城镇化建设、城市规划设计，合理应用于城市雕塑、广场园林等公共空间，避免千篇一律、千城一面。挖掘整理传统建筑文化，鼓励建筑设计继承创新，推进城市修补、生态修复工作，延续城市文脉。加强"美丽乡村"文化建设，发掘和保护一批处处有历史、步步有文化的小镇和村庄。用中华优秀传统文化的精髓涵养企业精神，培育现代企业文化。实施中华老字号保护发展工程，支持一批文化特色浓、品牌信誉高、有市场竞争力的中华老字号做精做强。深入开展"我们的节日"主题活动，实施中国传统节日振兴工程，丰富春节、元宵、清明、端午、七夕、中秋、重阳等传统节日文化内涵，形成新的节日习俗。加强对传统历法、节气、生肖和饮食、医药等的研究阐释、活态利用，使其有益的文化价值深度嵌入百姓生活。实施中华节庆礼仪服装服饰计划，设计制作展现中华民族独特文化魅力的系列服装服饰。大力发展文化旅游，充分利用历史文化资源优势，规划设计推出一批专题研学旅游线路，引导游客在文化旅游中感知中华文化。推动休闲生活与传统文化融合发展，培育符合现代人需求的传统休闲文化。发展传统体育，抢救濒危传统体育项目，把传统体育项目纳入全民健身工程。

13．加大宣传教育力度。综合运用报纸、书刊、电台、电视台、互联网站等各类载体，融通多媒体资源，统筹宣传、文化、文物等各方力量，创新表达方式，大力彰显中华文化魅力。实施中华文化新媒体传播工程。充分发挥图书馆、文化馆、博物馆、群艺馆、美术馆等公共文化机构在传承发展中华优秀传统文化中的作用。编纂出版系列文化经典。加强革命文物工作，实施革命文物保护利用工程，做好革命遗址、遗迹、烈士纪念设施的保护和利用。推动红色旅游持续健康发展。深入开展"爱我中华"主题教育活动，充分利用重大历史事件和中华历史名人纪念活动、国家公祭仪式、烈士纪念日，充分利用各类爱国主义教育基地、历史遗迹等，展示爱国主义深刻内涵，培育爱国主义精神。加强国民礼仪教育。加大对国家重要礼仪的普及教育与宣传力度，在国家重大节庆活动中体现仪式感、庄重感、荣誉感，彰显中华传统礼仪文化的时代价值，树立文明古国、礼仪之邦的良好形象。研究提出承接传统习俗、符合现代文明要求的社会礼仪、服装服饰、文明用语规范，建立健全各类公共场所和网络公共空间的礼仪、礼节、礼貌规范，推动形成良好的言行举止和礼让宽容的社会风尚。把优秀传统文化思想理念体现在社会规范中，与制定市民公约、乡规民约、学生守则、行业规章、团体章程相结合。弘扬孝敬文化、慈善文化、诚信文化等，开展节俭养德全民行动和学雷锋志愿服务。广泛开展文明家庭创建活动，挖掘和整理家训、家书文化，用优良的家风家教培育青少年。挖掘和保护乡土文化资源，建设新乡贤文化，培育和扶持乡村文化骨干，提升乡土文化内涵，形成良性乡村文化生态，让子孙后代记得住乡愁。加强港澳台中华文化普及和交流，积极举办以中华文化为主题的青少年夏令营、冬令营以及诵读和书写中华经典等交流活动，鼓励港澳台艺术家参与国家在海外举办的感知中国、中国文化年（节）、欢乐春节等品牌活动，增强国家认同、民族认同、文化认同。

14．推动中外文化交流互鉴。加强对外文化交流合作，创新人文交流方式，丰富文化交流内容，不断提高文化交流水平。充分运用海外中国文化中心、孔子学院，文化节展、文物展览、博览会、书展、电影节、体育活动、旅游推介和各类品牌活动，助推中华优秀传统文化的国际传播。支持中华医药、中华烹饪、中华武术、中华典籍、中国文物、中国园林、中国节日等中华传统文化代表性项目走出去。积极宣传推介戏曲、民乐、书法、国画等我国优秀传统文化艺术，让国外民众在审美过程中获得愉悦、感受魅力。加强"一带一路"沿线国家文化交流合作。鼓励发展对外文化贸易，让更多体现中华文化特色、具有较强竞争力的文化产品走向国际市场。探索中华文化国际传播与交流新模式，综合运用大众传播、群体传播、人际传播等方式，构建全方位、多层次、宽领域的中华文化传播格局。推进国际汉学交流和中外智库合作，加强中国出版物国际推广与传播，扶持汉学家和海外出版机构翻译出版中国图书，通过华侨华人、文化体育名人、各方面出境人员，依托我国驻外机构、中资企业、与我友好合作机构和世界各地的中餐馆等，讲好中国故事、传播好中国声音、阐释好中国特色、展示好中国形象。

四、组织实施和保障措施

15．加强组织领导。各级党委和政府要从坚定文化自信、坚持和发展中国特色社会主义、实现中华民族伟大复兴的高度，切实把中华优秀传统文化传承发展工作摆上重要日程，加强宏观指导，提高组织化程度，纳入经济社会发展总体规划，纳入考核评价体系，纳入各级党校、行政学院教学的重要内容。各级党委宣传部门要发挥综合协调作用，整合各类资源，调动各方力量，推动形成党委统一领导、党政群协同推进、有关部门各负其责、全社会共同参与的中华优秀传统文化传承发展工作新格局。各有关部门和群团组织要按照责任分工，制定实施方案，完善工作机制，把各项任务落到实处。

16．加强政策保障。加强中华优秀传统文化传承发展相关扶持政策的制定与实施，注重政策措施的系统性协同性操作性。加大中央和地方各级财政支持力度，同时统筹整合现有相关资金，支持中华优秀传统文化传承发展重点项目。制定和完善惠及中华优秀传统文化传承发展工程项目的金融支持政策。加大对国家重要文化和自然遗产、国家级非物质文化遗产等珍贵遗产资源保护利用设施建设的支持力度。建立中华优秀传统文化传承发展相关领域和部门合作共建机制。制定文物保护和非物质文化遗产保护专项规划。制定和完善历史文化名城名镇名村和历史文化街区保护的相关政策。完善相关奖励、补贴政策，落实税收优惠政策，引导和鼓励企业、社会组织及个人捐赠或共建相关文化项目。建立健全中华优秀传统文化传承发展重大项目首席专家制度，培养造就一批人民喜爱、有国际影响的中华文化代表人物。完善中华优秀传统文化传承发展的激励表彰制度，对为中华优秀传统文化传承发展和传播交流作出贡献、建立功勋、享有声誉的杰出海内外人士按规定授予功勋荣誉或进行表彰奖励。有关部门要研究出台入学、住房保障等方面的倾斜政策和措施，用以倡导和鼓励自强不息、敬业乐群、扶正扬善、扶危济困、见义勇为、孝老爱亲等传统美德。

17．加强文化法治环境建设。修订文物保护法。制定文化产业促进法、公共图书馆法等相关法律，对中华优秀传统文化传承发展有关工作作出制度性安排。在教育、科技、卫生、体育、城乡建设、互联网、交通、旅游、语言文字等领域相关法律法规的制定修订中，增加中华优秀传统文化传承发展内容。加大涉及保护传承弘扬中华优秀传统文化法律法规施行力度，加强对法律法规实施情况的监督检查。充分发挥各行政主管部门在传承发展中华优秀传统文化中的重要作用，建立完善联动机制，严厉打击违法经营行为。加强法治宣传教育，增强全社会依法传承发展中华优秀传统文化的自觉意识，形成礼敬守护和传承发展中华优秀传统文化的良好法治环境。各地要根据本地传统文化传承保护的现状，制定完善地方性法规和政府规章。

18．充分调动全社会积极性创造性。传承发展中华优秀传统文化是全体中华儿女的共同责任。坚持全党动手、全社会参与，把中华优秀传统文化传承发展的各项任务落实到农村、企业、社区、机关、学校等城乡基层。各类文化单位机构、各级文化阵地平台，都要担负起守护、传播和弘扬中华优秀传统文化的职责。各类企业和社会组织要积极参与文化资源的开发、保护与利用，生产丰富多样、社会价值和市场价值相统一、人民喜闻乐见的优质文化产品，扩大中高端文化产品和服务的供给。充分尊重工人、农民、知识分子的主体地位，发挥领导干部的带头作用，发挥公众人物的示范作用，发挥青少年的生力军作用，发挥先进模范的表率作用，发挥非公有制经济组织和社会组织从业人员的积极作用，发挥文化志愿者、文化辅导员、文艺骨干、文化经营者的重要作用，形成人人传承发展中华优秀传统文化的生动局面。